물질문명과 자본주의 읽기

자본주의라는 이름의 히드라 이야기

La dynamique du capitalisme

by Fernand Braudel

World copyright ⓒ Flammarion, 2008
Korean translation copyright ⓒ Galapagos Publishing co., 2012
This Korean edition is published by arrangement with Flammarion
through Bookmaru Korea Literary Agency.
All rights reserved.

이 책의 한국어판 저작권은 북마루코리아를 통한 Flammarion과의
독점계약으로 갈라파고스가 소유합니다. 신저작권법에 의하여 한국 내에서
보호를 받는 저작물이므로 무단전재와 복제를 금합니다.

자본주의라는 이름의 히드라 이야기

물질문명과 자본주의 읽기

페르낭 브로델 지음
김홍식 옮김

갈라파고스

■ 일러두기
1. 본문에서 고딕으로 표기한 부분은 원서에서 이탤릭으로 강조한 부분이다.
2. 본문에 나오는 인명과 지명에 대한 괄호 안의 설명은 옮긴이가 추가한 것이다. 그 외에 추가적인 설명은 '―옮긴이'라고 밝혀두었고, 그 외의 괄호 안 내용은 원서의 내용을 옮긴 것이다. 본문에 나오는 주석 또한 모두 옮긴이가 추가한 것이다.

1976년 미국 존스홉킨스 대학교에서 세 차례에 걸쳐 강연할 기회가 있었습니다. 1979년 아르망콜랭 출판사에서 출간된 『물질문명과 자본주의Civilisation matérielle, économie et Capitalisme』의 주제를 그 저술에 앞서 소개하는 것이 강연의 목적이었습니다. 집필 과정에서 책의 내용이 완전히 바뀌게 될 테니 이 강연에서는 저술의 큰 줄기만을 발표해야 했습니다. 지금 책으로 내는 이 소책자는 강연 당시의 원고를 아무 수정 없이 그대로 내는 것입니다. 따라서 1979년 『물질문명과 자본주의』를 출간하기 전에 쓴 것임을 독자들에게 알립니다. 이 강연 원고를 영어로 번역해 『물질문명과 자본주의에 대한 부언Afterthoughts on Material Civilization and Capitalism』이라는 제목으로 출간했고, 이어서 이탈리아어로는 『자본주의의 동학La Dynamica del Capitalismo』이라는 제목으로 출간한 바 있습니다.

페르낭 브로델

차례

강의 1 물질생활과 경제생활에 대해 다시 생각하다 9
1. 인간의 삶은 일상생활에 묻어서 굴러왔다
2. 도시와 화폐가 근대를 만들어냈다
3. 시장경제는 생산과 소비를 잇는 연결고리이자 동력이다
4. 본연의 시장경제라는 바탕 위에서 자본주의가 번성했다

강의 2 교환의 세계 47
1. 시장경제가 모든 것을 결정하지는 않는다
2. 자본주의는 시장경제와 구별되는 시대의 활동을 가리키는 용어다
3. 시장경제는 물질생활을 희생시키면서 팽창한다
4. 전 역사의 관점에서 볼 때 자본주의는 '밤의 손님'이다

강의 3 세계의 시간 91
1. 경제계는 그 자체로 완전한 경제 단위를 이루는 경제권이다
2. 자본주의는 세계의 불평등을 만들어낸다
3. 국민 경제는 국가가 물질생활을 반영해 만들어낸 응집된 경제 공간이다
4. 세계가 영국 산업혁명을 위한 효율적 조건을 만들어주었다

해제: 브로델이 들려주는 자본주의라는 이름의 히드라 이야기 137
　　—김홍식
　1. 들어가기: 삶과 이야기, 그리고 시간
　2. '구조'라는 이름의 인간의 조건을 세월의 무게에서 찾다
　3. 역사를 탐험하는 배: 브로델의 모델
　4. 자본주의란 무엇인가? 기존의 시각을 뒤집다
　　　삼층집 모델
　　　자본주의가 사는 곳: 그 태생과 서식지
　　　자본주의란 무엇인가?
　　　다시 생각해봐야 할 브로델
　5. 『물질문명과 자본주의 읽기』: 1976년 존스홉킨스 대학교 강연

옮긴이의 말 193

옮긴이 주 195

참고 문헌 202

강의 1
물질생활과 경제생활에 대해
다시 생각하다

아주 길고 야심적인 저작으로 『물질문명과 자본주의Civilisation matérielle, économie et Capitalisme』를 쓰고자 한 것이 1950년이니 아주 오래전의 일입니다. 이 주제는 뤼시앵 페브르Lucien Febvre가 나에게 제안했던 것인데, 정확히 말하면 친절하게 지시했다는 편이 맞을 것입니다. 그 무렵 "세계의 운명"이라는 역사 총서를 펴내기 시작한 그가 1956년 세상을 떠나게 되면서 이 총서를 이어가는 쉽지 않은 일을 내가 맡아야 했습니다. 뤼시앵 페브르는 그전부터 자신의 연구로 『15~18세기 서양의 사상과 신념Pensée et croyance d'Occident, du XVe au XVIIIe siècle』을 쓰기로 마음먹었습니다. 그가 저술할 이 책과 내가 쓸 책이 서로 짝을 이루도록 완성할 계획이었습니다만, 불행하게도 그의 책은 나올 수 없었습니다. 결국 내가 쓸 책은 영영 짝을 잃어버리고 말았지요.

내가 쓸 책은 주로 경제에 국한된 것이었음에도 난관이 많았습니다. 파악해야 할 자료가 엄청나기도 했고, 경제란 것이 분명 그 자체로만 존재하는 것은 아니기 때문에 책의 주제가 논쟁을 불러올 소지도 많았습니다. 또 역사를 기술하는 일은 쉬지 않고 항상 진화하는 것이어서 어려운 점도 있었습니다. 왜냐하면 역사 기술은 느린 걸음으로라도 다른 사회과학을 흡수해야 하기 때문입니다. 역사 기술은 늘 새로 태어나는 것이어서 해마다 달라집니다. 그 변화를 따라가려면 열심히 달리며 그동안 우리가 익숙해 있던 작업을 흔들기도 하고 뒤집기도 하면서 앞으로 나아갈 수밖에 없습니다. 따라서 전과 같지 않은 요구 사항과 권유에 어떻게든 적응할 수밖에 없습니다. 나의 경우에는 그처럼 이런저런 분야에서 들려오는 매혹적인 소리들을 꽤나 즐기며 들었습니다. 그러면서 해가 가고 달이 가고 시간이 흐릅니다. 영영 목적지에 도달하지 못하는 게 아닌가 싶기도 하지요. 돌이켜보면 『지중해La Meditérranée』의 역사를 연구하느라 25년을 보냈고, 『물질문명과 자본주의』를 저술하는 데 20년 가까운 세월을 보냈습니다. 분명히 긴 세월, 아주 기나긴 세월입니다.

1. 인간의 삶은 일상생활에 묻어서 굴러왔다

경제사라고 일컫는 역사는 여전히 형성되는 과정에 있고, 여러 가지 선입견과 충돌하고 있습니다. 경제사는 고결한 역사가 아닙니다. 고상한 역사는 뤼시앵 페브르가 건조하고 있던 범선입니다. 고상한 역사는 거상巨商 야코프 푸거Jacob Fugger를 다루는 역사가 아니라, 마르틴 루터Martin Luther와 프랑수아 라블레François Rabelais(르네상스기 인문주의 작가이자 의사)를 다루는 역사입니다. 경제사가 고상한 것이든 고상하지 않은 것이든, 아니면 다른 역사에 견주어 고상함이 덜하든 간에, 역사가라는 직업에 고유한 온갖 문제가 줄어드는 것은 아닙니다. 경제사 역시 하나의 관점에서 인간의 역사를 통째로 묶어 바라보는 것입니다. 경제사는 자크 쾨르Jacques Coeur(프랑스의 상인)나 존 로John Law(스코틀랜드 출신의 경제학자로 루이 15세 치하 프랑스의 재무대신을 지냄)처럼 우리가 위인들로 여기는 사람들의 역사이기도 하고, 동시에 커다란 '사건événement'의 역사이자, '긴 시간을 두고 순환

conjoncture' 하는 역사요, 위기의 역사이기도 합니다. 그리고 무엇보다도 오랜 시간을 따라 천천히 진화하는 거대하고 구조적인 '장기 지속longue durée'의 역사입니다. 여기에 역사가들이 겪는 어려움이 있습니다. 4세기 동안의 시간과 세계 전체를 놓고 어떻게 그에 걸맞은 사실과 설명을 조직해낼 것인가 하는 문제를 풀어야 하기 때문입니다. 당연히 선택을 할 수밖에 없습니다. 나는 장기적인 시간을 두고 진행되는 심층의 균형과 불균형을 선택했습니다. 내가 보기에 산업화 이전의 경제에서 가장 근본적인 특징은 두 가지 경제 활동이 공존했다는 점입니다. 한편에는 여전히 단순한 형태의 경제가 관성적이고 경직된 채 육중하게 버티고 있고, 다른 한편에는 제한적이고 소수에 그치기는 했지만 근대적인 경제 활동이 활발하고 힘차게 성장하고 있었다는 사실입니다. 즉 한쪽에서는 농민들이 촌락에서 자급자족에 가까운 방식으로 자율적으로 생활하는 한편, 다른 한쪽에서는 시장경제와 자본주의가 서서히 팽창하면서 지금 우리가 살고 있는 세상의 모습을 그때 이미 만들어가고 있었습니다. 그러니까 적어도 두 개의 세계, 서로 이실석인 두 종류의 삶이 있었던 것인데, 어쨌거나 이 두 세계가 각각 어떤 모습이고 어느 정도의 비중을 차지하고 있었는지는 하나를 가지고 다른 하나를 설명하는 식이 됩니다.

 나는 거의 변하지 않는 관성적인 것, 언뜻 보아서는 희미한 미지의 역사부터 들여다보자고 생각했습니다. 그러니까 인간의 명료한 의식 밖의 역사, 인간이 능동적 존재라기보다 피동적 존재로 놓이게 되는 역사를 들여다보고 싶었던 것입니다. 이 내용이 내가 『물질문명과 자본주의』 제1권에서 설명하려고 하는 부분입니다. 1967년 이 1권의 초판을 낼 때는 부제를 '가능과 불가능: 인간의 일상생활'이라고 했었는데, 나중에 '일상생활의 구조'로 바꾸게 됐습니다. 물론 제목이 중요한 것은 아니겠지요. 연구 대상은 매우 분명했지만, 그 탐구 과정은 불확실했습니다. 공백과 함정도 많았고, 잘못 이해할 여지도 많았습니다. 사실 내가 핵심어로 삼은 무의식, 일상성, 구조, 심층 같은 말도 모호한 것들입니다. 하지만 정신분석에서 말하는 무의식을 연구 대상에 포함시킨 것은 아닙니다. 물론 정신분석의 무의식도 관련이 있습니다. 카를 융은 집단무의식의 실체를 놓고 대단히 고심했는데, 아마도 그에 대해서 발견해야 할 것들이 있을 것입니다. 사실 이 주제는 엄청나게 광활한 문제이지만, 그중 아주 제한적인 측면 말고는 별로 다루어지고 있지 못합니다. 이 문제는 아직 역사가의 손길을 기다리는 중입니다.

나름의 연구를 풀어갈 구체적 잣대가 필요했고, 그에 맞추어 범위를 좁혔습니다. 출발점으로 삼았던 것은 일상생활입니다. 그러니까 우리가 전혀 의식하지 못하지만 우리 생활을 지탱해주는 습관 같은—관행이라고 하면 더 어울릴—것들입니다. 우리 주변에서 일어나는 행동은 수천 가지에 달하지만 아무도 결정할 필요 없이 그것들 스스로 완수됩니다. 사실 이러한 일상적 관행은 우리가 충분히 의식하지 못하는 것들입니다. 내 생각에 인류의 삶은 절반 이상이 일상생활에 묻어서 굴러갑니다. 예로부터 내려오는 수없이 많은 행동이 뒤죽박죽 누적되고 무수히 되풀이되면서 우리 시대까지 이어집니다. 이러한 습관적 행동은 우리가 삶을 영위하도록 도와주기도 하고 옥죄기도 하면서, 우리가 사는 내내 우리를 대신해 결정을 합니다. 이 같은 행동을 유도하는 유인과 충동, 그러한 행동의 전형과 방식, 또 그리 행동해야 할 책임을 살펴보면, 까마득한 옛날로 거슬러 올라가는 것들이 왕왕 있는데 우리가 짐작하는 것 이상으로 오래된 것들이 많습니다. 이처럼 수백 년 전의 과거는 아주 오래된 것이지만 여전히 살아 움직이며 현재로 흘러 옵니다. 마치 아마존 강이 엄청난 물줄기에 토사를 실어 대서양으로 쏟아내는 모습과 비슷하지요.

이 모든 것들이 내가 '물질생활vie matérielle'이라는 편리한 용어로 파악하려고 했던 내용들입니다. 편리한 용어이기는 하지만, 의미 폭이 넓은 다른 용어들처럼 정확한 용어는 아닙니다. 물론 이러한 의미의 물질생활은 능동적으로 살아가는 인간의 삶에서 일부에 지나지 않습니다. 인간은 주어진 관행대로 살기도 하지만, 그에 못지않게 새로운 것을 창조하는 활동도 인간의 뿌리 깊은 본성이라고 할 수 있기 때문입니다. 하지만 연구를 시작하는 초반에는 이처럼 능동성보다 피동성이 강한 삶의 한계나 성격을 정확하게 규정하는 일에 얽매이지 않았습니다. 이러한 삶의 역사는 별로 중히 여기지 않고 살아온지라 일반적으로 잘 인식되어 있지 않습니다. 나는 그와 같은 역사가 차지하는 중량을 보고 싶었고 또 보여주고 싶었습니다. 그 역사 속으로 뛰어들어 가까이 다가서고 싶었습니다.

그러고 나면 그 세계에서 나올 때가 다가오지요. 비유컨대, 그 심해 깊은 곳으로 잠수하고 나오는 순간, 우리가 태곳적의 물속에 살고 있구나 하는 강렬한 느낌이 가시지 않았습니다. 그러니까 언제부터였는지 알 수 없을 만큼 오래된 역사, 200~300년 혹은 1,000년 전에도 있었을 역사인데, 어느 순간 우리 눈앞을 보면 오늘날에도 옛 모습 그대로 살아 움직이는 역사 속에서 우리가 살고 있다는 것입니다. 이와 같은 물질생활을 나는 다음과 같이 이해합니다. 즉 물질생활은 인류가 이전의 역사를 지나오는 동안 자신의 삶 아주 깊숙한 곳에 결합해온 것이다. 마치 우리 몸속의 내장처럼 깊숙한 곳에 흡수되어 있는 삶이라는 것입니다. 그런 식으로 오래 전에 경험하고 중독되고 세뇌당한 것들이 일상생활의 필수적인 것이 되고, 또 너무나 당연한 것이 됩니다. 그래서 아무도 눈여겨보지 않게 됩니다.

2. 도시와 화폐가 근대를 만들어냈다

이것이 책의 1권을 써나가는 길잡이입니다. 목적은 그러한 심층의 물질생활을 탐색하는 것입니다. 책의 차례에 나와 있는 장들 자체가 눈에 잘 보이지 않는 그러한 힘들을 열거한 것입니다. 즉 물질생활 전반을 만들어내고 밀고 가는 힘이자, 물질생활 너머의 상위 영역까지 포괄해 인간의 역사 전체를 밀고 가는 힘이기도 합니다.

1권 1장 「수의 무게」에서는 '인구'를 다룹니다. 다른 생명체들과 마찬가지로 인구는 인간의 종족 번식을 자극하는 대표적인 생물학적 힘입니다. 이를 두고 조르주 르페브르Georges Lefebvre는 식물의 생장력을 표현하는 '봄의 굴성屈性'에 비유하곤 했습니다. 당연히 인구에 영향을 주는 다른 굴성, 즉 다른 결정 요소들도 있습니다. 이러한 인간의 조건은 끊임없이 변화하면서 인류가 맞을 앞날의 큰 부분을 결정합니다. 물론 개인들은 이 같은 움직임을 잘

의식하지 못하지요. 역으로 일반적 조건이 어떠하냐에 따라서 인구가 너무 많아지기도 하고, 부족해지기도 합니다. 인구 변화의 역학은 균형에 도달하려는 경향이 있지만, 균형이 달성되는 경우는 매우 드뭅니다. 1450년부터 유럽의 인구는 빠른 속도로 늘어납니다. 왜냐하면 한 세기 전에 흑사병이 창궐해 엄청난 사람들이 죽었기 때문에 인구를 다시 충원해야 했고, 또 인구가 늘어날 만한 조건이 갖추어졌기 때문입니다. 인구는 다음번 하락 추세가 시작될 때까지 계속 늘어납니다. 인구는 밀물과 썰물이 교대하듯 늘었다 줄었다 하면서—역사가들의 눈에는 마치 예정된 것인 양—추세적 규칙을 따라 움직입니다. 18세기까지는 이처럼 장기적인 시간을 두고 인구가 오르락내리락하는 규칙이 계속됩니다. 18세기에 이르러서야 그동안 넘을 수 없었던 인구의 상한선을 넘어서게 됩니다. 그때부터 인구는 증가 추세의 정지나 반전 없이 끊임없이 늘어납니다. 18세기 이전에는 어김없이 찾아왔던 반전이 미래에도 일어날 수 있을까요?

그야 어떻든 간에 18세기까지는 인구가 거의 근접할 수 없는 원 안에 갇혀 있는 양상이었습니다. 만약 인구가 늘어나 그 원둘레에 닿기라도 하면, 인구는 거의 즉각적으로 성장을 멈추고 다시 줄어듭니다. 인구를 다시 균형점으로 되돌리는 방식과 기회는 아주 많았습니다. 궁핍과 물자 부족에 더하여 기근이 드는가 하면, 하루하루 먹고살기 어려운 마당에 전쟁이 터지기도 했습니다. 그리고 무엇보다 질병이 오래도록 만연했습니다. 질병은 오늘날에도 발생하지만, 예전에는 묵시록적 참상과도 같았습니다. 즉 18세기까지는 주기적으로 창궐하는 흑사병이 유럽을 떠나지 않았고, 겨울이면 찾아오는 발진티푸스는 러시아 깊숙이 진격한 나폴레옹의 군대를 가로막았습니다. 장티푸스와 천연두도 끊이지 않는 질병이었고, 촌락 지역에서 먼저 나타났던 결핵은 19세기 들어 수많은 연인을 사별하게 하는 애달픈 질병으로 도시를 휩씁니다. 그리고 또 성병, 특히 아메리카 대륙 발견 이후 다시 고개를 든 매독은 다양한 미생물과 결합하며 폭발적으로 창궐합니다. 이 모든 악조건을 열악한 위생과 불결한 식수가 더욱 부추겼습니다.

유약한 생명으로 태어나는 인간이 이 모든 공격을 피할 방법이 있었을까요? 영아 사망률은 과거와 현재의 저개발 국가와 다를 바 없이 엄청나게 높았습니다. 일반적인 보건 상태도 아주 취약했습니다. 16세기 이래 사체를 부검한 수백 개의 기록이 남아 있는데, 그 내용을 살펴보면 아주 끔찍합니다. 신체 기형이나 소모성 질환, 피부병, 폐와 장기에 놀랄 정도로 퍼진 기생충의 흔적을 묘사하는 기록을 현대의 의사가 본다면 질겁할 것입니다. 그러니까 최근 전까지만 해도 인류의 역사는 열악한 건강 상태에 혹독하게 지배당했던 셈입니다. 이 점을 염두에 두면서 다음과 같은 질문을 던져야 합니다. 인구가 어느 정도였는가? 사람들은 질병을 포함해 어떠한 고통을 겪고 있었는가? 그러한 불행을 해결할 수 있었는가?

1권의 2장부터는 다른 질문들에 대해 살펴봅니다. 사람들은 무엇을 먹고 마시며 살았나? 옷은 어떻게 입고 살았나? 어떤 집에서 살았나? 이런 것들을 알아보려면 탐사 여행을 떠나야 하니 역사 연구에 적합한 질문이라고 하기는 어렵습니다. 왜냐하면 누구나 알다시피 전통적인 역사 서적을 펼쳐본들 거기서 사람들이 먹고 마시는 모습은 나오지 않기 때문입니다. 그렇지만 오래전부터 사람들은 이런 말을 해왔습니다. "인간은 그가 먹는 것들이다." 아마도 이 말은 독일어 말소리가 유발하는 재미 때문에 독일에서 널리 퍼진 듯합니다("데어 멘슈 이스트 바스 에어 이스트Der Mensch ist was er isst"). 그렇지만 역사에 등장하는 수많은 식품을 단순히 일화거리로 취급해서는 안 된다고 생각합니다. 설탕, 커피, 차 그리고 알코올 같은 식품들은 각각 역사의 흐름에 끊임없이 영향을 미친 중요한 요인들입니다. 그중에서도 곡물은 예로부터 주된 먹을거리였기 때문에 대단히 중요합니다. 밀, 쌀, 옥수수는 인류가 아주 오래전에 선택한 곡물입니다. 이러한 곡물은 각 문명이 수 세기에 걸쳐 수없이 많은 실험을 통해서 선택한 결과이기도 합니다(프랑스의 위대한 지리학자 피에르 구루Pierre Gourou는 이 과정을 수백 년이 걸린 '표류dérives'라고 불렀습니다). 밀을 경작하면 땅의 양분이 금세 고갈되어 정기적으로 땅을 쉬게 해야 합니다. 이 때문에 가축을 사육할 여유가 생기기도 했고 그와 같은 다른 일이 필요하기도 했습니다. 소와 말 같은 가축과 가축에 걸어 쓰는 쟁기, 멍에, 수레가 없는 유럽의 역사를 상상할 수 있을까요? 쌀은 정원을 가꾸듯 농사를 지어야 해서 집중적인 노동이 필요했습니다. 따라서 쌀을 경작하는 문화에서는 인간이 가축에 신경 쓸 여유가 없었습니다. 아마도 일용할 양식을 구하기에는 옥수수가 가장 편리하고 수월한 곡물이었을 것입니다. 옥수수를 주식으로 하는 사회에서는 그만큼 여가를 활용할 여유가 생기기 때문에 농부들이 부역에 동원됐고, 아메리카 원주민들처럼 어마어마한 기념물을 건설하게 됐던 것입니다. 사용되지 않는 노동력을 사회가 집단적으로 동원해 활용한 것이지요. 우리는 한 사람이 섭취하는 곡물량과 칼로리를 따져볼 수 있고, 시간이 지나면서 식사량의 과부족과 변화를 알아볼 수 있을 것입니다. 이러한 문제가 카를 5세의 제국이 어떤 운명에 처하게 되었는가 하는 이야기만큼이나 흥미로운 문제 아니겠습니까? 또 루이 14세 시절 프랑스가 우위를 누렸다는 덧없고 이론의 여지도 많은 이야기만큼이나 흥미로운 것이 아닐까요? 당연히 의미심장한 주제임이 분명합니다. 오래전의 마약이라든가 알코올과 담배의 역사라든지, 특히 담배가 세계 곳곳으로 퍼지며 순식간에 세상을 장악하게 된 사정을 살펴보면, 오늘날에도 위험천만한 마약에 대한 경고를 찾아볼 수 있지 않을까요?

    기술에서도 유사한 사실을 찾아볼 수 있습니다. 기술의 역사는 참으로 놀랍지요. 기술의 역사는 인간이 일해온 역사와 맥을 같이 합니다. 인간이 하루하루 바깥세상에 맞서 자기 자신과 싸우는 과정은 매우 더디게 진보합니다. 기술은 그 더딘 발걸음에 맞춰 진화합니다. 그 옛날부터 큰 힘을 써야 하는 격렬한 일이나 단조롭고 참을성 있게 해야 하는 일이나 인간의 모든 일이 기술이었습니다. 돌을 다듬고 나무나 쇳조각을 깎아 도구나 무기를 만드는 일에 다 기술이 필요합니다. 이러한 기술이야말로 가장 밑바탕을 이루는 활동이고, 본질적으로 보수적이며 천천히 변화합니다. 과학은 한발 늦게 기술을 따라가는 상부구조여서 기술과 조응하더라도 그 과정은 아주 느리게 진행됩니다. 경제활동이 큰 단위로 집중되려면 기능적 능력이 집중되어야 하고 기술도 발전해야 합니다. 15세기 베네치아의 조선소나, 17세기 네덜란드, 18세기 영국이 다 그러한 사례입니다. 각 경우마다 과학은 더듬거리면서도 필요할 때 등장하고, 과학을 끌어당기는 힘에 이끌려 어쩔 수 없이 합류하게 됩니다.

  옛날부터 온갖 기술과 과학의 모든 요소는 항상 섞이고 전 세계로 퍼지면서 끊임없이 확산되었습니다. 하지만 잘 확산되지 않는 것은 기술의 결합과 조합입니다. 원거리 항해를 예로 들면, 선미의 방향타도 만들어야 하고, 겹이음으로 나무를 결합해 선체를 만들어야 하고, 선상에 대포도 장착해야 합니다. 마찬가지로 자본주의가 출현하려면, 기술을 적용하는 공정과 여러 가지 수완이 따라야 하고 사람들의 관습과 사업의 성과도 합쳐져야 합니다. 원거리 항해와 자본주의가 유럽에 패권을 안겨준 것은 단지 필요한 요소들이 통째로 확산되지 못했기 때문일까요?

그런데 아마도 여러분들은 내가 왜 1권의 마지막 두 장에서 화폐와 도시를 다루었는지 궁금할 것입니다. 2권으로 들어가기 전에 이 문제를 마무리하고 싶은 이유도 있었습니다. 하지만 이것은 충분한 이유도 아닐뿐더러 그럴 수도 없습니다. 진정한 이유는, 화폐와 도시가 까마득한 옛날부터 일상생활 깊숙이 자리하고 있을 뿐 아니라 아주 최근에 등장한 근대성의 뿌리 깊은 요소이기도 하다는 점입니다. 화폐는 아주 오래전에 발명되었습니다. 화폐를 교환이 빠르게 이루어지도록 도와주는 도구라고 폭넓게 이해할 때 그렇다는 것이지요. 그리고 교환이 없다면 사회도 있을 수 없습니다. 도시를 두고 보자면, 이 또한 선사 시대부터 존재했던 것입니다. 화폐와 도시는 수백 년에 걸쳐 가장 일상적인 생활의 뼈대를 이루게 된 구조물입니다. 구조물인 동시에, 변화에 적응할 뿐 아니라 변화를 불러오는 승수乘數의 힘을 발휘하기도 합니다. 도시와 화폐가 근대성을 만들어냈다고 말할 수 있을 것입니다. 하지만 역으로 러시아 출신의 프랑스 사회학자 조르주 귀르비치Georges Gurvitch가 말한 상호성의 규칙에 따라, 인간의 삶을 대대적으로 변화시킨 근대성이 화폐의 팽창을 촉진하기도 했고, 도시의 전횡을 증폭시키기도 했습니다. 도시와 화폐는 변화를 촉발하는 동력이면서 동시에 변화를 보여주는 지표이기도 합니다. 또한 그러한 변화의 결과이기도 합니다.

3. 시장경제는 생산과 소비를 잇는 연결고리이자 동력이다

이러한 이야기에서 말하고자 하는 것은 습관적이고 일상적인 것이 자리 잡고 있는 거대한 왕국을 파악하기가 쉽지 않다는 점입니다. '커다란 역사의 공백'이라고도 할 수 있습니다. 현실에서는 이러한 습관적인 것이 인간의 삶 전체에 스며들어 구석구석 퍼져 있습니다. 마치 엄습하는 밤의 그림자가 대지를 뒤덮는 모습에 비유할 수 있을 것입니다. 하지만 기억과 의식의 빛이 닿지 않는 이 어둠의 그림자에 가려 있더라도, 다른 곳보다 빛이 덜 미치는 곳이 있는가 하면 더 많이 미치는 곳들이 있습니다. 그림자와 빛 사이, 일상성과 의식적 결정 사이를 가르는 경계를 긋는 것은 중요할 것입니다. 그러한 경계를 그을 수 있게 되면 관찰자의 왼쪽과 오른쪽─좀 더 나은 비유로, 관찰자의 아래와 위(아래는 무의식과 심층, 위는 의식과 표층을 상징─옮긴이)─을 구분할 수 있게 될 것입니다.

자, 그러면 다음과 같은 모습을 상상해봅시다. 어느 지역에 단순하고 초보적인 시장들이 쭉 이어져 있습니다. 이 시장들 전체가 거대한 천막처럼 해당 지역을 덮고 있거나, 아니면 주로 소규모 장사를 하는 상점들이 이곳저곳에 구름처럼 흩어져 있는 모습을 생각해볼 수 있습니다. 이들 수많은 거점을 통해서, 한쪽에 광활하게 퍼져 있는 생산 활동과 다른 쪽에 역시 광활하게 퍼져 있는 소비 활동을 연결하는 이른바 교환 경제économie d'échange가 돌아가기 시작합니다. 15~18세기의 앙시앵 레짐Ancien Régime(일반적으로 부르주아 혁명 이전의 구체제舊體制를 말함—옮긴이) 시대에는 교환 경제가 여전히 불완전했습니다. 교환 경제는 분명 태곳적부터 이어져왔겠지만, 생산 활동 전체를 소비 활동 전체와 결합하는 지점까지는 도달하지 못했습니다. 즉 생산 활동 가운데 엄청난 부분이 자급자족하는 가족이나 마을 단위의 자가 소비로 흡수되었고, 시장의 순환 속으로 들어가지 않았습니다.

이처럼 교환이 충분히 발달하지 못했더라도 시장경제économie de marché는 계속 발전합니다. 그러다가 생산을 조직하고 소비의 방향을 유도하고 통제하게 될 만큼 시장경제가 많은 읍bourg(邑)[1]과 도시를 연결해가게 됩니다. 이렇게 시장경제가 팽창하는 데는 수 세기가 걸렸을 게 분명합니다. 시장경제는 이 두 세계—모든 것을 만들어내는 생산 활동과 생산된 모든 것을 써서 없애는 소비 활동―를 잇는 연결 고리이자 동력이었습니다. 물론 좁은 범위에 머물기는 했지만 늘 활발한 움직임이 샘솟는 영역이었습니다. 즉 시장으로부터 갖가지 유인과 활력, 혁신이 일어났고, 사람들의 주도적 행동과 다각적 인식이 생겼습니다. 또 시장을 통해서 경제 활동이 성장하기도 했고, 나아가 진보가 이루어지기도 했습니다. 카를 브링크만Carl Brinkmann은 경제사가 시장경제를 처음부터 끝까지 쭉 따라가는 역사로 집약될 수 있다고 했는데, 완전히 동의하지는 않지만 아주 좋아하는 말입니다.

그래서 단순하고 초보적인 시장들을 관찰하고 묘사하고 가능한 한 생생한 모습으로 재생해보려고 오랜 시간을 보냈습니다. 그러한 시장들은 일종의 경계처럼 경제의 하한선을 형성합니다. 시장의 바깥에 머무는 것들은 모두 사용가치밖에 없습니다. 시장이라는 솝은 문의 경계를 건너는 것들은 전부 교환가치를 획득하게 됩니다. 이 기초적 시장을 경계선으로 어느 편에 있느냐에 따라 개인, 즉 '행위자'가 교환에 포함되느냐 아니냐가 구분됩니다. 이 교환 영역을 나는 경제생활vie économique이라고 칭하여 물질생활vie matérielle과 대조하고자 했습니다. 뒤에서 논의할 내용이지만 경제생활이라는 용어를 쓴 것은 자본주의와 구분하자는 목적도 있습니다.

마을을 순회하면서 떠돌이 생활을 하는 수공업 장인은 읍에서 읍으로 옮겨 다니며 의자 방석의 속을 갈아주거나 굴뚝을 청소해주는 보잘것없는 서비스를 제공했습니다. 이런 장인들은 미천한 소비자에 지나지 않았겠지만 시장의 세계에서 살았습니다. 하루하루의 먹을거리를 시장에서 마련해 살아야 했기 때문입니다. 한편, 자기 고향과 관계를 계속 유지하는 수공업 장인들은 작물이나 포도를 수확하는 철에 자기 마을로 돌아가 다시 농부가 됩니다. 그러니까 시장의 영역에 있다가 다시 그 바깥으로 나가는 셈입니다. 한곳에 머물러 사는 농부라고 해도 수확한 작물 일부를 정기적으로 판매하고, 또 정기적으로 연장이며 옷가지를 구매하는 농부들은 이미 시장의 일원이었습니다. 농부들 중에는 쟁깃날을 사거나 세금 낼 돈이 아쉬워서 읍내에 나오는 이들도 있었는데, 달걀이나 닭, 오리 등 소소한 상품을 팔아서 그 돈을 마련했습니다. 이런 농부들은 시장의 가장자리에 슬쩍 걸치는 정도에 불과했고, 생활의 대부분은 자급자족으로 해결했습니다. 길거리와 촌락에서 소량의 상품을 파는 행상들은 교환의 세계에 들어와 있었습니다. 그 거래량과 금액이야 보잘것없었지만 그들은 이미 계산의 세계, 차변과 대변의 세계에서 살고 있었습니다. 소매상인은 분명히 시장경제의 행위자입니다. 그가 직접 제작한 물건을 판매하는 경우는 수공업 장인을 겸한 상인입니다. 다른 사람이 만든 물건을 판매하는 경우라면, 본격적인 상인으로 진화한 것입니다. 소매상점은 항상 문을 열어 지속적으로 교환을 제공하는 이점을 누렸던 반면, 시장은 일주일에 하루나 이틀 정도만 열렸습니다. 더욱이 소매상점에서는 신용을 끼고 거래가 이루어져서, 신용으로 상품을 공급받았고 다시 신용으로 상품을 팔았습니다. 이런 식으로 채무와 채권이 꼬리에 꼬리를 물고 교환 과정으로 확산되었습니다.

시장과 초보적인 교환 행위자들 위에는 좀 더 중요한 역할을 담당하는 정기시foire(定期市)와 거래소Bourse가 있었습니다. (거래소에서는 매일 장이 열렸고, 정기시는 날짜를 정해 며칠 동안 장이 서고, 오랜 기일을 쉬고 나서 다시 장이 열리는 방식이었습니다.) 일반적으로 정기시는 소규모 판매자와 중소 규모 상인들을 대상으로 열렸는데, 정기시 또한 거래소처럼 큰 규모로 거래하는 거상의 지배를 받았습니다. 조만간 도매상négociant으로 불리게 되는 이 거상들은 소매 거래에는 거의 관여하지 않게 됩니다.

'교환의 세계Les Jeux de l'échange'로 이름 지은 『물질문명과 자본주의』 제2권의 앞부분 장들에서는 시장경제의 다채로운 요소들을 기술합니다. 최대한 상세하게 들여다보려다 보니 아주 길어졌습니다. 어쩌면 그 세세한 사항들에 너무 깊게 빠져들었는지도 모르겠고, 독자들이 보기에 지루할 정도일지도 모릅니다. 하지만 역사라는 것은 사전적인 관념을 많이 품지 않은 채 묘사하고, 단순히 관찰하고, 분류하는 것이 좋은 것 아닐까요? 그렇게 들여다보고 또 보여주는 것이 역사가가 해야 할 일의 절반일 것입니다. 가능하다면 역사가의 눈으로 직접 보는 것이지요. 왜냐하면 여러분들에게 확실히 말씀드릴 수 있는 것이, 그 옛날 도시 길거리의 시장이나 상점, 정기시와 거래소가 어떠한 모습이었는지 구경하는 것이 유럽에서는 아주 쉬운 일이기 때문입니다. 그러한 곳들에서 행상을 만나면 금세라도 자신이 지나온 여정에 대해 장광설을 늘어놓을 것입니다. 물론 미국에서는 그러한 곳들을 찾아볼 수 없습니다. 브라질의 바이아 내륙 지방이나 알제리의 카빌리아 지방, 혹은 검은아프리카(사하라 사막 이남의 아프리카)에 가보면, 아주 오래된 형태의 시장들이 눈앞에 펼쳐집니다. 게다가 공을 좀 들이면 과거의 시장에 대해 알아볼 수 있는 수천 가지 서류를 찾아볼 수 있습니다. 시청의 고문서 자료실이나 공증인 기록부, 행정 기록과 같은 자료들을 찾아볼 수 있고, 그 밖에 각종 여행기에도 시장에 관련 이야기가 아주 많습니다. 화가들이 남긴 그림에서도 옛 모습을 찾아볼 수 있습니다.

   베네치아를 예로 들어보지요. 베네치아는 놀라울 정도로 옛 모습을 유지하고 있는 도시입니다. 고문서 자료실과 박물관을 둘러보고 나서 도시를 거닐다 보면, 옛날과 거의 똑같은 광경을 볼 수 있습니다. 베네치아에는 정기시라는 게 없었고 적어도 상거래 목적의 정기시는 서지 않았습니다. 5월경 예수승천축일에 열리는 '센사Sensa'는 정기시라기보다는 축제였습니다. 산마르코 광장에는 상인들의 막사와 판매대가 설치되었고, 산니콜로 근처에는 가면과 음악이 등장하고, 베네치아의 바다 결혼식과 같은 대규모 행사가 관례적으로 치러졌습니다. 산마르코 광장에서는 두어 개 시장이 열렸는데, 값비싼 보석과 모피가 주로 거래되었습니다. 하지만 예나 지금이나 가장 볼 만한 장이 서는 곳은 리알토 광장의 시장입니다. 리알토 다리와 현재 베네치아의 중앙우체국 건물인 폰다코 데이 테데스키 맞은편에 위치해 있습니다. 1530년경 피에트로 아레티노Pietro Aretino(이탈리아의 시인이자 소설가)는 베네치아 대운하 곁의 자기 집에서 배가 오가는 모습을 지켜보기 좋아했다고 합니다. 이 배들은 산호초 해역의 섬들에서 갖가지 과일과 산더미 같은 멜론을 실어 베네치아의 '위장胃腸'으로 가져왔는데, 리알토에 위치한 리알토 누오보와 리알토 베키오 두 광장은 크고 작은 사업과 거래가 이루어지는 중심이어서 베네치아의 '위장'과도 같았습니다. 이 두 광장의 소란스러운 판매대에서 몇 걸음 떨어진 곳에는 베네치아의 주력 도매상들이 만나는 로지아(한두 면의 벽을 터놓은 이탈리아 건축 양식의 회랑—옮긴이)가 있습니다. 1455년에 건설된 이 건물은 요즘 말로 하자면 거래소라고 부를 만한 곳입니다. 주력 도매상들은 매일 아침 이곳에 비공개로 모여 사업과 해상 보험, 화물과 운임에 대해 논의하면서, 그들끼리 혹은 외지 상인들과 상품을 사고팔거나 계약을 체결하곤 했습니다. 바로 곁에는 '반키에리banchieri(은행가)'들이 각각 비좁은 상점에 자리를 잡고 이런 거래들을 즉석에서 계좌 간 이체로 결제할 태세를 갖추고 있었습니다. 또 거기서 코 닿을 곳에, 지금도 예전 그 자리에 '에르베리아Herberia(채소 시장)'와 '페스케리아Pescheria(생선 시장)'가 있고,

좀 더 걸어가면 오래된 카퀘리니 지역에 '베카리에Beccarie(푸줏간)'들이 있습니다. 그 근처에 바로 푸주한들의 교회로 불리던 산 마테오 성당이 19세기 말 파괴되기 전까지만 해도 옛 모습 그대로 있었습니다.

우리가 17세기로 돌아가 암스테르담의 요란한 증권거래소를 본다면 어리둥절해지겠지만, 1688년 당시 사정을 기록한 호세 데 라 베가José de la Vega(스페인에서 태어나 네덜란드에서 활동했던 유대인 상인이자 시인)의 놀라운 책, 『혼돈Confusión de confusiones』을 현대의 증권 중개인이 읽어본다면 흥미로운 것들을 많이 발견할 것입니다. 아마도 그는 그 옛날 복잡하고 섬세하게 작동하던 주식 거래가 요즘과 별반 다를 게 없다고 느낄 것입니다. 그 무렵 암스테르담 증권거래소의 중개인들은 주식을 보유하지 않은 채 선물과 옵션 거래를 통해서 아주 현대적인 방식으로 매매했습니다. 런던을 보자면, 익스체인지 앨리를 따라 늘어선 유명한 커피하우스들에서도 정교한 기법과 솜씨로 거래가 이루어졌습니다.

세부적인 내용을 묘사하는 것은 이 정도로 충분할 듯합니다. 앞에서 시장경제를 간단히 두 가지 차원으로 구분했습니다. 하나는 시장, 상점, 행상들로 구성되는 낮은 차원이고, 다른 하나는 정기시와 거래소로 구성되는 높은 차원입니다. 이제 두 가지 질문을 던지고 싶습니다. 첫 번째 질문은 이 같은 교환의 도구들(시장, 상점, 행상, 정기시, 거래소)이 15~18세기 사이 400년 동안 구체제하의 유럽 경제가 겪은 변천을 개략적으로 설명하는 데 어떤 면에서 쓸모가 있느냐 하는 것입니다. 두 번째 질문은 이러한 교환 도구를 살펴봄으로써 유럽 이외 경제의 메커니즘을 어떻게 설명할 수 있겠는가 하는 것입니다. 이 지역의 경제에 대해서는 최근에야 알기 시작했지만, 아마도 두 지역의 유사점과 대비점이 실마리가 될 수도 있을 것입니다. 이 두 가지가 첫 번째 강연의 결론에서 답하고자 하는 질문입니다.

4. 본연의 시장경제라는
   바탕 위에서 자본주의가 번성했다

우선 서구가 15세기에서 18세기까지 400년 동안 어떤 변화를 거쳐왔는지 살펴보도록 하지요.

15세기, 특히 1450년부터 경제가 전반적으로 회복 추세를 보입니다. 이 시기에 농산물 가격은 정체되거나 내려가는 반면, '공산품' 가격은 올라가는 덕분에 도시가 농촌에 비해 빠른 속도로 성장합니다. 이 시기 경제 회복의 동력이 수공업 장인들의 상점, 좀 더 적절히 표현하자면 도시권 시장이었다는 것은 의심의 여지가 없습니다. 주도권을 행사하는 곳은 이들 도시권 시장이었습니다. 즉 경제생활의 밑바닥에서부터 경제가 회복되었습니다.

회복세에 돌입한 경제는 16세기 들어서부터 여러 가지 이유로 복잡해집니다. 우선, 예전의 상승 속도를 회복한 것 자체가 문제였습니다. 흑사병 이전의 13~14세기는 경제가 속도를 더해가며 성장하던 시기였는데, 경제가 이때의 성장 속도까지 올라선 것입니다. 여기에 더하여 대서양 경제가 확대되면서 경제 메커니즘이 복잡해졌습니다. 경제를 움직이는 동력은 국제 정기시 몇 곳이 주도했습니다. 즉 안트베르펜(당시 네덜란드, 지금의 벨기에), 네덜란드 베르헌옵좀, 프랑크푸르트, 스페인 메디나델캄포, 리옹이 그러한 곳들입니다. 한동안 이 도시들의 정기시가 서구의 중심을 이루었는데, 나중에 '브장송' 정기시들이 이 중심에 합류합니다. '브장송' 정기시들은 통화와 신용 거래만을 다루는 아주 섬세한 시장이었습니다. 이들은 적어도 40년(1579~1621) 동안 국제 금융을 지배한 이탈리아 제노바의 하부 기구 역할을 합니다. 유럽 중세의 경제를 연구한 역사가 레이몽 드루버Raymond de Roover는 신중한 성격으로 좀처럼 일반화를 하지 않는 학자인데, 그 역시 16세기를 대형 정기시의 절정기로 파악하는 데 주저하지 않았습니다. 결론적으로 16세기의 활발한 상승세는 경제의 최상층인 상부구조가 번창한 덕분입니다. 또한 때마침 아메리카에서 귀금속이 유입된 데다가 엄청난 규모의 어음과 신용을 빠르게 회전시키는 어음 교환 및 재교환 시스템이 이 상부구조를 더욱 부풀렸습니다. 제노바 은행가들의 걸작인 이 금융 시스템은 1620년대에 수많은 요인들이 한꺼번에 겹치면서 붕괴됩니다.

17세기로 들어서면 경제생활의 활력이 지중해에서 광활한 대서양으로 이동합니다. 17세기를 경제가 후퇴했거나 정체했던 시기로 묘사하는 경우가 많지만, 이처럼 일반화하기보다는 속사정을 들여다볼 필요가 있습니다. 왜냐하면 16세기 경제의 활력이 이탈리아를 비롯해 여러 곳에서 사라졌지만, 암스테르담의 성장은 환상적일 정도여서 전혀 경제 침체와는 거리가 멀었기 때문입니다. 어쨌든 모든 역사가들의 견해가 일치하는 점은 경제 활동이 금융 거래에서 다시 상품 거래, 즉 기초적인 교환으로 대거 복귀함으로써 그 명맥을 유지하게 되었다는 것입니다. 이러한 흐름에서 덕을 본 측은 네덜란드와 그 선단, 그리고 암스테르담의 거래소였습니다. 동시에 정기시의 영향력은 줄어들고, 거래소와 상거래 중심지(암스테르담이나 런던처럼 물품 교역과 더불어 증권, 어음, 통화가 거래되던 대도시—옮긴이)의 영향력이 확대됩니다. 거래소(및 상거래 중심지)와 정기시의 관계는 일반 상점과 도시권 시장의 관계와 비슷합니다. 다시 말해, 거래소와 상거래 중심지의 영향력이 정기시를 압도하게 됐다는 것은 간헐적인 접촉이 지속적인 흐름으로 바뀌어갔다는 것을 뜻합니다. 이 이야기는 두루 알려진 고전적 역사입니다. 하지만 거래소만 눈에 띄게 성장했던 것은 아닙니다. 암스테르담의 번영에만 주목하다 보면, 좀 더 평범한 경제 활동의 성과를 보지 못하기가 쉽습니다. 사실 17세기는 소매상점이 광범하게 번성했던 시기이기도 합니다. 이것 역시 지속적인 흐름이 거둔 승리입니다. 유럽 곳곳에 생겨난 소매상점들이 매우 촘촘한 유통망을 만들었습니다. 1607년 스페인의 극작가 로페 데 베가는 마드리드의 황금기를 묘사하면서 "모든 것이 소매상점으로 바뀌었다"고 말합니다.

18세기는 경제 전반이 가속적으로 팽창하던 세기였습니다. 시장의 교환 도구들이 총동원되어 논리적으로 작동하게 됩니다. 우선 거래소의 활동이 증폭됩니다. 또 그 무렵 암스테르담은 자금을 융자해주는 커다란 국제 금융 센터로 전문화해가고 있었는데, 런던이 이러한 암스테르담의 기능을 모방하고 따라잡으려고 나섭니다. 그리고 제노바와 제네바가 이 위험한 게임에 뛰어듭니다. 파리도 활기를 띠면서 이러한 추세를 따라갑니다. 이러한 상거래 중심지들 사이에 화폐와 신용이 점점 자유롭게 흐르게 됩니다. 이러한 여건에서 정기시는 당연히 위축될 수밖에 없었습니다. 왜냐하면 세금 혜택을 부여하면서 정기시를 설치했던 목적은 무엇보다도 전통직 거래를 활성화하기 위한 것이었는데, 교환과 신용이 원활하게 돌아가게 된 만큼 정기시가 존재할 이유가 사라졌기 때문입니다. 정기시는 이처럼 삶이 급박하게 돌아가는 곳에서 쇠퇴하기 시작했지만, 여전히 전통적인 경제가 느릿느릿 돌아가는 곳에서 번창하고 명맥을 유지했습니다. 사정이 이러하니, 18세기 중에 활발했던 정기시를 찾아보면 유럽 경제에서 변두리 지역을 꼽게 됩니다. 프랑스 보케르의 정기시라든가, 알프스 산맥에 인접한 이탈리아의 볼차노 지역이나 이탈리아 남부가 그런 곳들입니다. 또한 발칸 지역이나 폴란드, 러시아가 그렇고, 서쪽으로 가자면 대서양 건너편의 신대륙이 이에 해당됩니다.

이처럼 소비와 교환이 팽창하던 시기에 도시의 기초적 시장과 소매상점들이 예전 어느 때보다도 활발했다는 것은 말할 필요도 없습니다. 그러니 농촌으로도 소매상점들이 확산되지 않았을까요? 이때는 행상들의 활동도 급격하게 늘어납니다. 마침내 영국의 역사 기록에서 사적 시장private market이라고 부르는 것이 발달하게 됩니다. 이 시장은 거만한 도시 행정 당국의 감독을 받는 공적 시장public market과 달리 그러한 통제를 받지 않았습니다. 영국의 경우, 18세기보다 한참 앞선 시기부터 사적 시장이 나타나, 방방곡곡의 생산자들로부터 (종종 사전 약정을 통하여) 직접 상품을 구매하는 공급망을 조직하기 시작했고, 형식적 시장을 거치지 않고 농민들에게서 모피, 밀, 직물 등을 구매했습니다. 그러니까 전통적인 공적 시장의 통제에 대항하여 자율적인 상거래 경로가 구축되었다는 이야기입니다. 이 자율적 상거래는 아무런 제약 없이 아주 먼 거리를 오가는 한편, 바로 그 자유를 이용해 득을 보는 일이라면 아무것도 가리지 않았습니다. 이들 사적인 상거래는 군대나 대도시에 필요한 물자를 대량으로 공급하는 기회를 활용해 효율적으로 접근함으로써 자기 자리를 잡아갑니다. 달리 말해, 런던의 '위장' 그리고 파리의 '위장'은 이들을 선택함으로써 혁명적인 행보를 취한 셈입니다. 결국 18세기 유럽은 '반시장contre-marché'을 포함해 모든 것을 만들어냈습니다.

이러한 내용은 전부 유럽에 관한 것입니다. 지금까지는 유럽에 대해서만 이야기했는데, 단순히 유럽 중심주의라는 편리한 관점에 빠져서 모든 것을 유럽의 특수한 경험에 종속시키려는 것은 아닙니다. 단지 역사가라는 직업이 유럽에서 발달했고, 역사가들이 관심을 갖는 것은 그들 자신의 과거이기 때문입니다. 지난 수십 년 전부터 이러한 사정이 많이 변했습니다. 인도, 일본, 오스만 제국의 사료에 대한 연구가 체계적으로 이루어짐에 따라, 여행기나 유럽 역사가들이 쓴 책에 나오는 이야기와는 다른, 이 나라들의 역사를 알아가기 시작했습니다. 그 덕분에 이제는 다음과 같은 질문을 던질 수 있게 되었습니다. 지금까지 유럽에 국한해서 기술한 교환 메커니즘이 유럽 밖에도 존재한다면(실제로 중국, 인도, 일본, 이슬람 세계에 존재했습니다), 그러한 자료들을 비교사적 분석에 활용할 수 있지 않겠는가? 가능하다면 그러한 비교 분석의 목적은 유럽 이외 지역과 유럽을 다음과 같은 관점에서 개략적으로 비교해보는 것입니다. 즉 19세기에 유럽과 비유럽, 두 세계 사이에 점점 크게 벌어졌던 격차가 산업혁명 이전에 이미 나타났던 것인지 알아보자는 것입니다. 또 과연 유럽이 산업혁명 이전에 나머지 세계보다 앞서 있었는지 살펴보자는 것입니다.

일차적으로 확인할 수 있는 것은, 도처에 시장이 존재했다는 것입니다. 검은아프리카나 아메리카 원주민 문명처럼 거의 발달하지 못한 사회에도 시장은 존재했습니다. 하물며 더욱 복잡하고 발달한 사회에서는 그야말로 자잘한 시장들이 촘촘하게 들어서게 됩니다. 조금만 공을 들이면, 그러한 시장들을 우리 눈으로 직접 보거나 재구성할 수 있습니다. 이슬람 세계에서도 도시가 농촌의 시장을 거의 빼앗아갔습니다. 유럽과 다를 바 없이 도시가 시장을 집어삼킨 것이지요. 그러한 시장 가운데 가장 큰 시장들은 도시의 커다란 관문 주변에 펼쳐졌습니다. 그러니까 농촌도 아니고 도시도 아닌 공간에서 장이 섰는데, 한쪽에서는 도시 사람들이 나오고 다른 쪽에서는 농민들이 나와서 이 중립적인 공간에서 만났습니다. 도시 안에도 길거리 근린 시장이 비좁은 거리와 광장으로 야금야금 파고들었습니다. 고객은 그곳에서 그날 구워낸 빵과 소소한 상품들을 구할 수 있었는데, 이슬람 지역 시장에서는 유럽의 관습과 달리 고기 완자, 구운 양머리 고기, 튀김, 케이크와 같은 익힌 요리들도 많았습니다. 커다란 상거래 중심지에는 유럽처럼 시장도 서고, 상점도 몰려 있었으며, 식료품을 주로 파는 (천막이나 지붕으로 천정을 덮은—옮긴이) 중앙시장이 한꺼번에 몰려 있는데, 폰두크나 바자라고 부르는 곳입니다. 이스탄불의 베데스탄도 그런 곳 중의 하나입니다.

인도에는 특징적인 구석이 하나 있는데, 시장이 없는 마을이 없다는 점입니다. 그 이유는 촌락 단위에서 현물로 거두어들인 세금을 화폐로 바꿔서 무굴 제국의 황제나 그 휘하의 영주들에게 납부해야 했기 때문입니다. 현물을 화폐로 바꾸는 일은 바니안 상인

(인도 북부와 서부에서 활동하던 힌두교도 상인 — 옮긴이)의 중개로 이루어졌습니다. 이처럼 무수히 산재하는 인도의 촌락 시장을 볼 때, 도시의 촌락 장악이 불완전했다고 이해해야 좋을까요? 아니면 반대로, 바니안 상인이 생산의 근거지인 촌락을 장악하면서 일종의 사적 시장의 역할을 담당한 것이라고 이해하는 것이 좋을까요?

    기초적 시장 단계에서 가장 놀라운 형태로 시장을 조직한 곳은 분명 중국일 것입니다. 시장이 거의 수학에 가까울 정도로 정확한 지리에 바탕을 두고 조직되었습니다. 가령 장이 서는 읍내나 작은 도시를 백지 위에 찍은 점이라고 치면, 그 주위로 빙 돌아가며 여섯에서 열 개의 마을이 위치합니다. 이 마을들은 모두 농부가 읍내 시장에 갔다가 당일 내에 돌아올 만한 거리에 자리 잡고 있습니다. 이처럼 하나의 중심 주위로 점 열 개가 위치하는 기하학적 집합은 프랑스에서 '캉통canton' 이리고 부르는 지역 단위와 비슷한데, 한 시장이 주변 촌락에 미치는 영향권이라고 할 수 있습니다. 읍내에 위치한 시장은 길거리와 광장을 따라 나뉘고, 시장 가까이에 중고 상점, 고리대금업자, 대서인代書人, 그리고 갖가지 식품 상인과 찻집과 주점이 자리 잡고 있었습니다. 윌리엄 스키너G. William Skinner는, 중국 농촌의 생존을 결정하는 곳은 촌락 자체가 아니라 촌락을 아우르는 시장권이라고 했는데, 옳은 지적입니다. 이와 같은 읍들도 도시를 적절한 거리에서 감싸며 필요한 물자를 공급하는 도시의 위성이었다는 사실을 어렵지 않게 이해할 수 있습니다. 각 읍들은 도시를 통해서 장거리 교역로와 연결됐고, 또 자기 마을에서 생산되지 않는 상품들과도 연결되었습니다. 여러 읍과 도시에서 시장이 서는 날짜가 서로 겹치지 않도록 정해졌다는 점에서 이들 전체가 하나의 시스템이었다는 사실이 분명하게 드러납니다. 이 시장에서 저 시장으로, 이 읍에서 저 읍으로 행상들과 수공업 장인들이 쉴 새 없이 돌아다녔습니다. 왜냐하면 중국에서 수공업 장인은 고정된 작업장을 따로 두지 않고 장이 서는 곳을 순회하면서 서비스를 제공했기 때문입니다. 그런 식으로 대장장이나 이발사는 고객의 집으로 찾아가 일했습니다. 간단히 말해 정기적으로 열리는 시장이 그물망처럼 중국 전체를 가로지르며 생기를 불어넣었고, 각 시장은 서로 연결되었고 또 관청의 엄격한 감독을 받았습니다.

중국에는 상점과 행상들이 넘쳐날 정도로 아주 많았는데, 시장 메커니즘의 상위에 있는 정기시나 거래소는 거의 없다시피 했습니다. 몇몇은 있었지만 부수적인 역할에 머물렀고, 몽골과 접한 변방이나 광둥에 위치했습니다. 이러한 위치 선정은 외국 상인들을 배려한 것이기도 했지만, 그들을 감독하기 위한 것이기도 했습니다.

따라서 두 가지 요인을 생각해볼 수 있습니다. 어쩌면 중국 정부가 이와 같은 교환의 상위 형태에 적대적이었을 수도 있습니다. 아니면 모세혈관과도 같은 기초적 시장의 유통만으로도 중국 경제가 돌아가기에 충분해서 동맥과 정맥이 필요 없었을지도 모릅니다. 이 두 가지 요인 중 어느 하나 때문이든 아니면 둘 다 때문이든,

중국의 시장 교환 메커니즘은 결국 꼭대기 층이 없고 바닥에 평평하게 퍼진 모양이었습니다. 다음번 강연에서 살펴보겠지만, 이것이 중국에서 자본주의가 발달하지 못하는 데 중요한 영향을 미치게 됩니다.

교환의 상층부는 일본에서 더 발달했습니다. 일본에서는 거상들의 네트워크가 아주 잘 조직되어 있었습니다. 동남아시아 군도에서도 교환의 상층부가 발달했습니다. 오래된 상인 교차로에서 정기시가 열렸습니다. 게다가 15~16세기의 유럽처럼 일정 장소에서 거상들이 매일 만나는 회합을 거래소라고 부른다면, 그와 같은 거래소도 있었습니다. 예를 들어 반탐은 오래도록 자바 섬에서 가장 활발했던 도시였는데, 일과를 마칠 시간이면 도매상들이 장이 섰던 광장의 한곳에서 매일 회합을 가졌습니다. 이 회합은 1619년 바타비아(지금의 자카르타, 네덜란드 식민 통치기의 명칭)가 건설된 이후에도 계속 이어졌습니다.

인도는 대표적인 정기시의 나라입니다. 인도의 정기시는 상거래와 종교 행사가 동시에 이루어지는 거대한 모임으로 치러졌는데, 성지 순례 장소에서 장이 설 때가 많기 때문입니다. 이처럼 행사를 겸한 장이 열릴 때면 거대한 군중이 모여들어 인도 반도 전체가 들썩거렸습니다. 이러한 정기시가 도처에 있었고 규모도 막대했으니 대단하다고 할 만합니다. 하지만 달리 생각해보면, 이런 형태의 시장은 인도가 전통적 경제에서 벗어나지 못했음을 말해주는 것은 아닐까요? 어떤 의미에서는 과거의 무게가 너무 무겁게 작용한 것인지도 모릅니다. 이와 반대로, 이슬람 세계에서는 정기시가 존재하기는 했지만, 인도만큼 그 수가 많지도 않았고 규모가 크지도 않았습니다. 메카의 정기시 같은 예외적인 경우를 빼면 대부분 그랬습니다. 사실 이슬람권의 도시들은 정기시가 기를 펴기 어려울 만큼 비대하게 발달했고 대단히 활발했습니다. 또 고차원적인 교환 메커니즘과 장치들도 보유하고 있었습니다. 약속어음은 인도만큼이나 빈번하게 유통되었고, 그 발행고는 현금 활용과 보조를 맞추어 움직였습니다. 하나로 통합된 신용 네트워크가 이슬람권 도시들을 극동까지 연결해주었습니다. 영국의 어느 여행자는 1759년 인도에서 본국으로 귀환하는 중에 수라트(인도 서부 구자라트 주의 주도)의 동인도 회사에 돈을 맡기지 않고 바스라(지금의 이라크 남부 도시)에 도착해 그곳의 은행가에게 현금 2,000피아스터(세계 여러 곳에서 통용되던 스페인 은화를 가리켜 16세기부터 지중해 동쪽 레반트 지역에서 부르던 명칭—옮긴이)를 예치했다고 합니다. 바스라에서 육로를 이용해 콘스탄티노플로 이동하기 전에 돈을 맡긴 셈입니다. 바스라의 은행가는 그에게 알레포(예부터 인구가 많기로 유명한, 현 시리아 소재 대도시) 은행가에게 청구할 수 있는 어음을 제삼의 공용 언어로 작성해 지급했습니다. 이 여행가는 이론적으로 이 거래에서 차익을 남길 수 있다고 계산했지만 예상만큼 남기지는 못했습니다. 이슬람권의 신용 시스템이 차익을 허용하지 않을 만큼 발달했기 때문일까요? 영국이 세력을 확장하던 18세기에도 이 영국인의 생각만큼 이슬람권의 시장이 만만하지 않았으니 말입니다.

요약하면, 세계의 다른 지역과 비교해볼 때 유럽 경제가 다른 곳보다 앞섰던 것은 거래소와 다양한 신용 형태 같은 우월한 장치와 제도 덕분인 것으로 보입니다. 하지만 그러한 교환 메커니즘과 기법 들 모두 유럽 이외의 지역 어디에나 있었습니다. 다만 지역마다 얼마나 발달했고 어느 정도로 활용됐는가는 많이 달랐습니다. 그 등급을 매겨볼 수 있는데, 거의 높은 단계까지 발달한 곳으로는 일본을 꼽을 수 있습니다. 아마도 동남아시아 군도와 이슬람 지역도 이 그룹에 속할 것입니다. 인도도 확실히 이 그룹에 들어갑니다. 바니안 상인을 통해 발달한 신용 네트워크라든가, 이들이 위험을 떠안고 모험적 사업에 자금을 대여해주는 관행이나 해상 보험을 볼 때 그러합니다. 발달 수준이 낮은 곳으로는 중국을 꼽을 수 있고, 마지막으로 중국보다 더 낮은 단계에 있는 원시 상태의 수많은 경제가 있었습니다.

이처럼 세계 여러 지역의 경제를 등급별로 구분하는 것이 의미 없는 일은 아닙니다. 다음 장에서는 이러한 구분을 염두에 두고 시장경제와 자본주의가 차지하는 지위를 평가해볼 것입니다. 이렇게 수직적인 등급 구분을 통한 분석에서 의미 있는 결과를 얻을 수 있습니다. 일상적인 물질생활의 거대한 바탕 위에서 시장경제는 자신의 그물망을 펼쳐서 다양한 네트워크를 유지했습니다. 그리고 일반적으로 이러한 본연의 시장경제라는 바탕 위에서 자본주의가 번성했습니다. 이런 식으로 전 세계의 경제를 구분해보면 고도가 다른 지역을 입체적으로 표시한 지도처럼 보일 것입니다.

강의 2
교환의 세계

앞의 강연에서는 15세기에서 18세기까지 특징적 위치를 차지하고 있던 광대한 자가 소비 부문에 대해 살펴보았습니다. 이 부문은 본질적으로 교환 경제와는 이질적인 상태로 존재했습니다. 교환 경제가 가장 발달했던 유럽에서도 18세기까지 (또 그 넘어서까지도) 일반적 생활에 거의 참여하지 않는 곳들이 수도 없이 많았습니다. 이런 경제 단위들은 거의 자급자족하는 방식으로 고집스럽게 자기 생활을 영위해갔습니다.

오늘 강연에서는 교환 본연의 영역에 속하는 것들을 다룰 것이고, 우리가 '시장경제'라고 부르는 것과 '자본주의'라고 부르는 것도 같이 다루고자 합니다. 이처럼 두 가지 이름을 따로 쓰는 것은 이 두 부문을 구분하려고 하기 때문입니다. 사실 시장경제와 자본주의는 같은 것이 아닙니다. 다시 말하지만, 18세기까지 '시장경제'와 '자본주의', 이 두 유형의 활동은 작은 부분에 불과했습니다. 그 무렵까지 인류가 영위하는 생활의 대부분은 여전히 거대한 공간을 차지하고 있던 '물질생활' 속에 잠겨 있었습니다. 물론 시장경제가 팽창하고 있었고 극적인 성공을 경험하기도 했습니다. 하지만 넓은 영역 혹은 면적으로 퍼지기는 했어도, 두툼한 깊이 혹은 두께로 사람들의 삶에 파고들지는 못한 상태였습니다. 내가 구체제를 두고 '자본주의'라고 부르는 실재實在들이 존재했습니다. 자본주의라는 명칭이 옳든 그르든 간에, 그러한 실재는 화려하고 섬세하지만 비좁은 층위에 속해 있었고, 경제생활 전체를 장악하지는 못했습니다. 즉 자신의 고유한 요소들을 스스로 번식해가는 독자적인 '생산양식'을 만들어내지는 못했던 것이지요. 물론 독자적인 생산양식을 만들어내는 현상도 나타났지만, 어디까지나 예외적이었습니다. 보통 '상업 자본주의'라고 일컫는 구체제하의 자본주의는 시장경제 전체를 장악하지도 못했고 마음대로 주무르지도 못했습니다. 물론 이러한 자본주의가 존재하기 위한 불가결한 선행조건이 시장경제였지만 말이지요. 그럼에도 불구하고, 상업 자본주의가 발휘하는 국가적 · 국제적 · 세계적 역할은 이미 선명하게 드러나고 있었습니다.

1. 시장경제가 모든 것을 결정하지는 않는다

앞의 강연에서 설명한 바 있는 시장경제를 보면, 그다지 모호한 부분이 없습니다. 그러한 사정 때문에 시장경제는 역사가들이 무대의 중앙에 배치했던 주제입니다. 모든 역사가들이 시장경제를 가장 중요하게 다루었습니다. 이와 달리, 생산과 소비는 여전히 수량적으로 탐사하기 어려운 대륙으로 남아 있습니다. 이에 대한 수량적 연구는 이제 막 시작된 것에 불과해서, 이 광대한 영역을 이해하기는 쉽지 않습니다. 이와 대조적으로 시장경제에 대한 이야기는 끊이지 않고 등장합니다. 여러 가지 고문서 자료들을 꽉 채우고 있지요. 도시 활동을 기록한 고문서라든가, 거상 가문의 사적인 기록이라든가, 또 재판과 행정 분야의 고문서, 상업회의소에 남아 있는 토의 기록, 공증인 기록부 같은 자료들이 그러합니다. 그러니 시장경제에 주목하고 관심을 두지 않을 수 없는 것도 사실입니다. 시장경제는 계속해서 역사의 무대를 장악하고 있습니다.

시장경제만 쳐다보느라 그 풍부한 자료에 빠져서, 시장경제가 물밀듯이 번지며 자리를 잡는 존재인 양 묘사하는 것은 분명 위험한 함정입니다. 실상은 거대한 전체의 소소한 조각에 불과했는데 말이지요. 우선, 시장경제는 그 본성상 생산과 소비를 연결하는 역할에 불과하니 전체를 대변한다고 할 수는 없습니다. 그리고 19세기 이전에는 광대한 일상생활의 대양이 아래쪽에서 시장경제를 떠받치고 있었고, 자본주의 메커니즘은 두 번에 한 번 정도의 빈도로 위쪽에서 시장경제를 조작했습니다. 즉 시장경제는 이 두 층 사이에 끼어 있는—비교적 저항력을 갖출 만큼 두툼했지만 가끔 아주 가냘프기도 했던—하나의 층에 불과했습니다.

이처럼 시장경제를 제한하고 있던 한계야말로 시장경제를 정의해주고 또 시장경제의 진정한 역할을 드러내주는 것이지만, 이 점을 분명하게 의식하는 역사가는 아주 드뭅니다. 가격이 치솟았다 추락하는 시장의 변동이나 위기, 혹은 멀리 떨어진 요인들의 상관관계, 한꺼번에 반응하는 시장의 경향은 많은 이목을 끌기 마련입니다. 하지만 이러한 측면들, 말하자면 교환의 규모가 규칙적으로 증가하면서 나타나는 가시적 현상들에 현혹되지 않는 소수의 역사가 가운데 비톨트 쿨라Witold Kula를 꼽을 수 있습니다. 쿨라의 비유를 소개하자면, 우물 밑을 들여다볼 때 깊은 물속까지 시선을 두는 게 중요하다는 것입니다. 여기서 깊은 물속은 **물질생활**을 말하는데, 시장가격이 물질생활이라는 우물 표면에 닿기는 하지만, 항상 뚫고 들어가는 것은 아니며 깊은 물속에 영향을 주는 것도 아니라는 이야기입니다. 그러니까 우물의 표면과 깊은 물속, 이 두 가지 차원을 다 고려하지 않는 경제사는 절름발이가 될 위험이 있다는 이야기입니다.

이 점을 염두에 두고 15세기에서 18세기까지의 흐름을 보면, 시장경제로 구성되는 활발한 생활공간이 지속적으로 확대됩니다. 이를 보여주고 또 입증해주는 지표는 세계를 가로지는 연쇄적인 가격 변동입니다. 즉 시장가격이 전 세계에서 들썩거렸습니다. 유럽에서도 수많은 기록에서 가격 변동이 나타나고, 일본과 중국 그리고 인도와 이슬람 세계(예컨대 오스만 제국)에서도 가격 변동이 나타납니다. 그리고 귀금속이 다른 지역에 한 발 앞서 물가에 영향을 미쳤던 아메리카 지역(즉 스페인이 식민지로 점령한 북아메리카 지역과 브라질, 페루)에서도 가격 변동이 나타납니다. 그리고 세계 각지의 가격은 일정 정도 서로 조응하면서—지역별로 시간차가 있지만—꼬리에 꼬리를 물고 오르내렸습니다. 유럽의 경우에는 전 지역의 경제가 밀접하게 연결되어 있어서 가격 변동이 거의 시간차 없이 파급됐습니다. 반면 16세기 말과 17세기 초 인도의 경우는 가격 변동의 시간차가 유럽과 적어도 20년 정도까지 벌어지기도 했습니다.

여하튼 요약하자면 모종의 경제가 세계의 여러 시장을 연결해주고 있었던 것입니다. 그런데 이렇게 기능하는 경제를 따라 움직이는 실체는 몇 안 되는 희귀 상품과 귀금속, 그리고 그 시절에 벌써 세계를 일주했던 일급 여행자들밖에 없었습니다. 아메리카의 은銀으로 주조한 스페인 은화는 대서양을 가로질러 지중해를 건너고, 다시 오스만 제국과 페르시아를 거쳐서 인도와 중국까지 갑니다. 1572년 마닐라를 항해의 징검다리로 이용하게 되면서부터 아메리카의 은은 태평양을 가로지르는 반대 방향의 새 항로를 타고 다시 중국까지 도달하게 됩니다.

이처럼 핵심적인 교류와 네트워크, 또 거래와 운송이 역사가들의 시선을 끌지 않을 수는 없을 것입니다. 이러한 장관을 보고 동시대인들의 눈이 휘둥그레졌던 것처럼 역사가들도 마찬가지입니다. 따지고 보면 최초의 경제학자들이 연구했던 것이 시장의 수요와 공급 말고 무엇이 있었습니까? 또 시시콜콜 참견하는 도시 당국의 경제 정책은 시장을 감독하고 물자의 보급과 가격을 감독하는 일 말고 또 무엇이 있었을까요? 군주가 칙령을 통해 경제 정책을 표방할 때부터, 그 목적은 국민 시장과 국가의 위상을 보호하고, 내수 시장과 해외 시장에서 자국 산업을 진작하자는 것 아니었습니까? 조치를 취하는 게 가능하고 그 행동이 논리적일 수 있었던 영역은 이처럼 협소하고 민감한 시장 영역이었습니다. 시장 영역은 그날그날 사람들의 행동에서 드러나듯이 이런 조치에 반응합니다. 그래서 사람들은 옳든 그르든 간에 교환이 그 자체로 균형을 실현시키는 결정적 역할을 한다고 믿게 되고, 또 경쟁을 통해서 여러 가지 격차를 균등화하며 수요와 공급을 조절한다고 믿게 됩니다. 그리고 시장은 보이지 않는 인자한 신—즉 애덤 스미스가 말한 '보이지 않는 손'—이라고 믿게 됩니다. '보이지 않는 손'은 그가 19세기에 관찰한, 스스로 알아서 조정하는 시장을 뜻하는데, 자유방임laissez faire, laissez passer[2]이 옳다고 고수하는 입장에 서면 경제의 핵심은 바로 이것이 됩니다.

이러한 생각에는 옳은 점도 있지만, 기만적인 부분도 있고, 환영에 불과한 부분도 있습니다. 시장이 엉뚱한 방향으로 쏠리거나 왜곡된 사례가 얼마나 많았습니까? 자연 독점이나 법률적 독점에 의해 가격이 인위적으로 정해질 때도 얼마나 많았습니까? 우선 시장이 발휘하는 경쟁의 효과(이를테면 오스카 랑게Oskar R. Lange가 말했듯 "인간이 쓸 수 있게 된 최초의 컴퓨터"와 같다는 효과)를 인정하더라도, 무엇보다 시장은 생산과 소비를 잇는 불완전한 연결 장치라는 점을 인식하는 것이 중요합니다. 적어도 시장이 부분적이라는 점에서 그렇습니다. 부분적이란 말을 강조하고 싶습니다. 사실 나는 시장경제가 장점도 있고 중요하다고 인정하지만, 시장경제가 모든 걸 좌지우지한다고는 생각하지 않습니다. 그럼에도 불구하고 아주 최근까지도 경제학자들의 논리는 시장경제의 도식과 교훈을 유일한 전제로 여기고 있습니다. 튀르고Anne-Robert-Jacques Turgot(경제적 자유주의를 주창한 프랑스의 경제학자이자 정치인. 루이

16세 때 재정총감을 지냄)는 유통을 경제생활의 전부로 보았습니다. 한참 뒤에 데이비드 리카도 역시 시장경제라는, 빠르게 흐르기는 해도 좁다란 물줄기만을 보았습니다. 그리고 경제학자들이 경험의 가르침 덕분에 자유방임이 자동적으로 미덕을 행한다는 생각을 버린 지 50여 년이 지났지만, 자유방임이라는 신화는 여론과 정치 토론에서 여전히 사라지지 않고 있습니다.

2. 자본주의는 시장경제와 구별되는 시대의 활동을 가리키는 용어다

마지막으로, 자본주의가 존재했다고 별로 인정되지 않던 시기를 다루면서 자본주의라는 용어를 들고 나왔으니, 논쟁의 소지가 없지 않습니다. 내가 이 용어를 사용한 이유는 무엇보다 시장경제와는 분명히 다른 그 시대의 활동을 가리킬 용어가 필요했기 때문입니다. 당연한 이야기이지만, 쓸데없이 득보다 실이 많은 길을 택하려고 이 용어를 사용한 것은 아닙니다. 자본주의라는 용어에 대한 의견이 분분하고 그 의미가 모호할뿐더러 이 용어에 현대적인 의미와 아울러 거의 시대착오적인 의미까지 잔뜩 묻어 있다는 것을 잘 알고 있습니다. 나름의 합당한 이유에서 다양한 의미로 이 용어를 사용했던 역사가들도 많았습니다. 그러한 위험을 무릅쓰고 자본주의라는 용어를 끌어들인 데는 여러 가지 이유가 있습니다.

우선, 15~18세기 사이에 출현한 일부 메커니즘은 그 성격에 맞는 호칭이 필요합니다. 면밀히 살펴보면, 이 메커니즘을 다른 부가적 규정 없이 일상적인 시장경제로 분류하는 것은 거의 이치에 맞지 않아 보입니다. 순간적으로 저절로 떠오르는 낱말은 자본주의입니다. 그런데 이 용어가 마음에 들지 않아서 문밖으로 내던지면 곧바로 창문을 비집고 들어온다고 할까요? 자본주의 대신 쓸 용어를 좀처럼 찾을 수 없기 때문에 이런 일이 생기는데, 증후군이라고 할 만큼 번번이 보게 되는 현상입니다. 미국의 경제학자 앤드류 숀필드Andrew Shonfield가 말했듯이, 자본주의란 용어가 아무리 어울리지 않는다고 해도 이 말을 쓰는 가장 큰 이유는 달리 쓸 말이 없기 때문입니다. 물론 이 말로 인해 수많은 논쟁과 시비가 뒤따릅니다. 논쟁이 값진 경우도 있고 값이 떨어지는 경우도 있고 전혀 쓸모없는 경우도 있지만, 논쟁을 피할 수는 없는 일입니다. 논쟁거리가 없는 것인 양 서술하거나 논의할 수도 없는 일입니다. 게다가 자본주의라는 말이 지금 우리가 사는 세상이 부여한 의미까지 담고 있어서 그 말을 쓰는 것이 더욱 불편해졌습니다.

왜냐하면 가장 넓은 의미의 자본주의라는 말은 20세기 초부터 나타나기 시작하기 때문입니다. 나름대로 그 효시를 꼽아보자면 1902년 베르너 좀바르트Werner Sombart의 유명한 저서 『근대 자본주의Der moderne Kapitalismus』를 들 수 있습니다. 마르크스는 사실상 이 용어를 몰랐을 것입니다. 그러니 나는 연대기 착오라는 최악의 죄를 저지를 위험이 있는 셈입니다. 언젠가 어느 젊은 역사학도가 산업혁명 전에는 자본주의가 존재하지 않았다면서, 이렇게 소리 높여 말했던 일도 있었습니다. "자본은 있었겠지만, 자본주의는 없었다!"

    그렇지만 아주 먼 과거라고 해도 현재와 완벽하게 단절될 수는 없습니다. 과거와 현재 사이에 절대적 단절이란 것은 존재하지 않습니다. 달리 말해, 과거의 때가 묻지 않은 현재는 없다고 할 수 있습니다. 과거의 경험은 현재의 삶으로 연장되고 또 누적됩니다. 그러한 연유로 18세기에 앞서 오래전부터 산업혁명의 모습이 나타난다는 사실이 오늘날 여러 훌륭한 역사가들에 의해 드러나고 있습니다. 그 이유를 납득하기 위한 가장 좋은 사례는 오늘날 산업혁명을 시도하는 저개발 국가들의 모습일 것입니다. 이 나라들은 이른바 성공 모델을 손에 쥐고도 산업혁명에 실패하고 있습니다. 요컨대, 이처럼 항상 다시 묻게 되는 과거와 현재, 그리고 현재와 과거의 변증법이야말로 역사가 존재해야 할 이유이고, 역사의 핵심일지도 모릅니다.

3. 시장경제는 물질생활을 희생시키면서 팽창한다

역사를 설명하려는 목적에서 자본주의라는 말을 쓰고자 할 때 이 용어를 절도 있게 관리하고 정의하려면, 자본주의라는 말에 의미를 실어주고 또 그 밑바탕을 이루는 자본과 자본가라는 두 용어 사이에서 신중하게 자본주의란 용어의 자리를 잡아야 합니다. 자본은 쉽게 식별할 수 있는 재원을 말하며 항상 활동 중인 유형적인 실재를 가리킵니다. 그리고 어느 사회든 끊임없이 생산을 이어가야 하기 마련인데, 이러한 생산 과정에 자본을 투입하는 일을 자기 책임하에 지휘하는 사람이 자본가입니다. 개략적으로—정말 개략적인 수준에서만—말할 때, 자본주의는 대체로 그다지 이타적이지 않은 목적에서 자본이 투입되는 방식을 말합니다.

핵심어는 자본입니다. 이 용어는 경제학자들의 저술에서 자본재라는 의미에 방점이 찍힙니다. 자본재는 화폐의 축적만을 뜻하는 게 아니라 예전에 수행된 노동의 결과로 확보한—지금 활용 중이고 앞으로도 활용 가능한—실물까지 가리킵니다. 예를 들어, 주택은 자본입니다. 곳간에 비축해둔 곡물도 자본입니다. 선박이나 도로도 자본입니다. 하지만 새로 시작하는 생산 과정에 투입될 경우에만 자본재입니다. 가령 금고에 넣어두고 쓰지 않는 돈은 자본이 아닙니다. 또 자연 상태로 두고 활용하지 않는 숲도 자본이 아닙니다. 이렇게 보면, 축적해둔 자본재가 없거나 자본재를 축적하지 않는 사회라든가, 노동 과정에 정기적으로 자본재를 활용하지 않고 노동을 통해 자본재를 다시 확충하지 않는 사회라든가, 자본재를 투입해 결실을 거두지 않는 사회가 있을까요? 15세기 아주 보잘것없는 촌락에도 돌을 고른 들이며 길이며 경작지가 있었고, 체계적으로 가꾼 숲과 울타리, 그리고 과수원과 물레방아, 또 곡물을 비축한 곡창 등이 있었습니다. 구체제의 경제를 분석한 수치를 보면, 한 해 동안 노동해서 얻는 생산량과 투입된 자본재 스톡(프랑스어로는 재산partrimoine이라고 부릅니다)의 비율이 1대 3~4 정도로 나타납니다. 이 비율은 케인스가 20세기 사회에 대해 파악한 비율과 거의 같습니다. 그러니까 각 사회는 3~4년간 노동한 양에 해당하는 고정 자산을 쌓아두고, 이것을 활용하여 생산을 성공적으로 수행한다는 이야기가 됩니다. 당연한 이야기지만, 이렇게 축적된 자산의 일부분만 생산에 활용하지 전부 다 소모하지는 않습니다.

 하지만 이 문제는 이 정도로 해두지요. 여러분들도 저만큼이나 잘 알고 있는 문제일 것입니다. 사실 여러분들에게 설명해드려야 할 문제는 딱 한 가지입니다. 즉 자본주의를 시장경제와, 또 반대로 시장경제를 자본주의와 합당하게 구분할 방법이 무엇이냐는 것입니다.

물론 물과 기름처럼 선명하게 구분할 수는 없을 것입니다. 현실의 경제가 딛고 있는 토대는 결코 단순하지 않습니다. 하지만 우리가 시장경제라고 일컫는 것에 적어도 두 가지 가능한 형태가 있다는 점은 그다지 어렵지 않게 납득할 수 있을 것입니다. 그 두 가지 형태의 시장경제가 만들어내는 인적, 경제적, 사회적 관계에 견주어 양자를 구분해야 하기에 조금 신경을 써서 생각해야 합니다. 시장경제의 이 두 가지 범주를 일단 (가)와 (나)라고 지칭하도록 하겠습니다.

첫 번째 (가) 범주에는 일상적인 시장 교환을 포함시킬 수 있습니다. 동네 안이나 가까운 동네 사이에 일어나는 상거래가 들어갈 것입니다. 이를테면 곡물이나 장작을 싣고 이웃 마을로 팔러 가는 경우입니다. 이보다 좀 더 넓은 지역의 상거래 중에서 소상인과 대상인이 모두 참여할 수 있고, 규칙적이고 예측 가능하며 일상적으로 이루어지는 시장 교환도 이 범주에 포함시키고자 합니다. 예를 들어 17세기에 발트 지역의 곡물이 단치히를 출발해 암스테르담으로 공급되는 교역이라든지, 남유럽에서 북유럽으로 가는 기름과 포도주 거래가 그렇습니다. 가령 매년 독일의 수레들이 백포도주를 구하러 이스트라 반도(이탈리아와 발칸 반도 사이 아드리아 해의 북쪽에 위치한 반도. 지금의 크로아티아와 슬로베니아 지역)로 향하는 행렬을 상상해볼 수 있습니다.

이 같은 거래는 '투명'해서 놀랄 만한 사태가 거의 발생하지 않습니다. 시장에 참여하는 사람들 각자가 거래에 관한 모든 것을 미리 알고 있고, 이익도 항상 웬만한 정도였기 때문에 사전에 개략적인 계산이 가능했습니다. 읍내에서 열리는 시장이 이러한 교환의 좋은 사례입니다. 이 시장에는 특히 농민이나 장인 같은 생산자와 구매자들이 모였습니다. 장이 서는 읍의 거주자들도 오고 가까운 촌락의 사람들도 옵니다. 생산자와 구매자 두 사람이 만나 상거래를 하지만, 이따금 세 사람이 관계되기도 합니다. 즉 제삼의 행위자인 중개인이 끼어들게 됩니다. 이 중개인은 기회를 노렸다가 상품을 사재기하고 재고 물량을 조작해서 시장을 교란하거나 지배하고 가격에 영향을 미쳤습니다. 소규모 소매상이라도 규정을 어기고 읍내로 들어오는 길목에서 식품을 팔러 오는 농민과 흥정해 낮은 가격에 매입하고는 시장에서 높은 가격에 팔기도 했습니다. 이것은 단순한 형태의 부정인데, 읍이면 읍마다 늘 있는 일이었습니다. 좀 더 큰 도시에서는 더욱 심했는데, 이런 부정이 확대되면 가격을 높일 수도 있었습니다. 그러니 우리가 생각하기에 "눈에는 눈, 손에는 손"이라는 독일 속담처럼 상거래가 법규에 따라 투명하게 통제되던 이상적인 읍이라고 해도, 투명성과 규제를 피해가는 (나) 범주에 속하는 거래가 전혀 없었던 것은 아닙니다. 작은 읍내 시장과 마찬가지로, 발트에서 밀을 대량으로 실어 나르는 정기적 상거래도 투명한 거래였습니다. 왜냐하면 출발지 단치히에서나 도착지 암스테르담에서나 가격 곡선이 괴리 없이 같이 움직였기 때문입니다. 또 이익률도 그다지 높지 않은 수준에서 늘 분명했기 때문입니다. 하지만 1590년경 지중해 연안 지역에 기근이 발생했을 때 대형 고객과 거래하는 국제 상인들은 그들의 상선을 모조리 통상적인 무역로와는 다른 방향으로 빼돌리는 행동을 합니다. 그러고는 가격이 정상 가격보다 서너 배까지 오른 이탈리아의 리보르노나 제노바로 화물을 보내 비싼 가격에 판매합니다. 결국 이러한 무역에서도 (가) 범주의 경제는 쇠퇴하고 (나) 범주의 경제가 우위를 누리는 일이 생기게 됩니다.

우리가 교환의 수직 사다리를 아래에서 위로 훑어가며 살펴보면, 위쪽에는 경제의 두 번째 유형인 (나) 범주가 지배력을 행사하고 (가) 범주의 경제와는 아주 다른 '유통 영역'이 우리 눈앞에 펼쳐집니다. 영국의 역사가들은 전통적 시장인 공적 시장과 병행하여 그들이 사적 시장이라고 명명한 시장이 15세기부터 점점 성장하는 현상을 지적합니다. 나는 이 시장을, 기존의 전통적 시장과 다른 차이점을 강조하기 위해 반反시장이라고 부르고 싶습니다. 그도 그럴 것이, 새로 출현한 이 시장은 과도한 교란을 유발할 만큼 전통적 시장의 규칙에서 벗어나려고 부단히도 애쓰지 않았습니까? 이곳에서 저곳으로 계속 지역을 순회하는 상인들은 상품을 끌어 모으고 수집하러 생산자들의 집으로 찾아갔습니다. 농민들을 찾아가 양모와 섬유 원료인 마麻, 가축과 가죽, 보리와 밀, 가금류 등을 샀습니다. 상인들은 또 털 깎기 전의 양모나 수확 전의 밀을 대상으로 사전 약정까지 해서 미리 사두기까지 했습니다. 마을의 여관이나 농민의 농장에서 만나 서류만 작성하면 간단히 계약이 체결됐습니다. 그리고 손에 넣은 상품을 마차, 수레, 쪽배에 실어 대도시나 해안의 수출 항구로 보냈습니다. 이와 같은 사례들은 세계 전역에서 나타났습니다. 이런 식으로 파리와 런던의 주변 지역과 세고비아에서 양모가 거래되었고, 나폴리 주변에서는 밀이, 풀리아(이탈리아)에서는 기름이, 동남아시아 군도에서는 후추가 거래되었습니다. 순회 상인이 농장에 직접 찾아가지 않을 때는 시장의 가장자리나 장이 열리는 광장의 끄트머리에서 사람들을 만났고, 특히 여관에서 사람들을 만나는 경우가 많았습니다. 왜냐하면 여관은 물자 수송과 여행의 징검다리 역할을 했기 때문입니다. 이러한 유형의 교환이 정규적인 집합 시장을 개별적 거래로 바꾸어가게 되면서, 거래 조건도 거래 당사자 각각의 상황에 따라 임의적으로 정해지게 됩니다. 이러한 사실은 상인이 서명한 소액 어음의 해석을 놓고 잉글랜드에서 발생한 수많은 소송에서 잘 드러납니다. 이 자료들을 보면 불평등 교환이란 것이 분명히 드러납니다. 우선, 소위 시장경제의 핵심 법칙인 경쟁이 별로 작동하지 않았습니다. 그다음으로, 상인이 누렸던 두 가지 이점을 들 수 있습니다. 하나는 상인이 끼어들면서 생산자와 최종적인 상품 수요자의 관계가 끊어짐에 따라 시장의 양쪽 사정을 다 아는 사람은 그밖에 없었다는 점입니다. 그 덕분에 상인이 이득을 볼 가능성이 많았습니다. 다른 하나는, 그의 주된 무기인 현금이 항상 수중에 있었다는 점입니다. 이런 식으로 생산과 소비 사이에 기다란 상거래 망이 형성됩니다. 이러한 상거래가 자리를 잡게 된 것은 분명히 그 효율성 덕분이었습니다. 특히 대도시에 물자를 공급하는 데 효율적이었고, 그 덕분에 정부 당국의 양해를 얻거나 적어도 규제를 느슨하게 풀어주도록 유도할 수 있었습니다.

그런데 이러한 상거래 경로가 아주 먼 장거리로 늘어날수록 그만큼 통상적 규제와 간섭에서 벗어나기가 더욱 쉬워졌고, 자본주의적 과정이 더욱 선명하게 발생하게 됩니다. 자본주의적 과정은 원거리 무역에서 뚜렷하게 나타납니다. 원거리 무역이란 말은 독일어 'Fernhandel'에서 비롯되었지만 이 최상층의 상거래 활동을 눈여겨본 것은 독일 역사가들만이 아닙니다. 원거리 무역은 원하는 대로 활동할 수 있는 자유 공간 그 자체였습니다. 통상적 감독을 막아주거나 적어도 우회할 수 있을 만큼 멀찌감치 떨어진 거리에서 활동했기 때문입니다. 기회만 되면, 코로만델 해안(인도 남동부)이나 벵골 유역에서 암스테르담으로 향하는 동선을 따라 움직였고, 다시 암스테르담에서 페르시아나 중국, 일본의 상점으로 향하는 거래를 벌였습니다. 원거리 무역은 이 같은 광대한 활동 영역

중에서 선택할 수 있었고, 이익을 최대한 키울 수 있는 거래를 선택했습니다. 카리브 해 군도처럼 멀리 오가는 무역이니 기껏해야 소소한 이익밖에 더 벌었겠는가 하는 생각이 드십니까? 그럴 걱정은 전혀 없었습니다. 그 무렵 아시아 지역 내에서 움직이는 현지 무역commerce d'Inde en Inde[3]이라든가 중국과 거래하는 무역은 두 배의 이익을 남겼습니다. 이처럼 높은 이익을 거두는 것은 거래하는 지역과 품목을 갈아타는 것으로 충분했습니다.

이처럼 두둑한 이익에서 상당한 규모의 자본이 축적됩니다. 특히 원거리 무역은 소수의 사람들만 참여했으니 자본 축적이 빠르게 진행됐습니다. 이런 사업에는 아무나 참여할 수가 없었습니다. 반면 지역 내 상거래는 수없이 많은 사람들이 참여합니다. 예를 들어 16세기 포르투갈의 내수 교역 총량을 화폐가치로 추정하면, 후추와 향신료, 마약 교역의 화폐가치보다 훨씬 큽니다. 하지만 내수 교역은 물물교환, 즉 사용가치 형태를 띨 때가 많았습니다. 이와 대조적으로 향신료 교역은 화폐 경제의 주축을 이루며 발달했습니다. 또 규모가 큰 거상들만 참여했고, 해당 교역에서 생기는 거대한 이익은 그들 손에만 집중됐던 것이지요. 소설가 다니엘 디포가 활동하던 18세기 영국의 상황도 마찬가지일 것입니다.

세계 모든 나라에서 규모가 큰 도매상 집단이 일반 상인 집단과 확연히 구분되어 출현한 것은 우연이 아닙니다. 또 이 집단이 소수에 머무는 한편, 다른 활동도 많이 겸했지만 언제나 원거리 무

교환의 세계 67

역과 연결되어 있었다는 것도 결코 우연이 아닙니다. 이러한 현상은 14세기 독일과 13세기 파리에서 나타났고, 이탈리아 도시들의 경우에는 12세기 혹은 그보다 더 일찍부터 확연히 드러나기 시작했습니다. 서구에서 최초의 도매상들이 출현하기 전부터 이슬람 세계에서는 수입과 수출을 병행하는 타이르tayir라는 무역상이 존재했습니다. 그는 자기 집에서 대리인과 중개인을 지휘했습니다. 그러니까 벌써 고정 근거지를 두고 상거래를 하고 있었던 셈입니다. 이런 상인은 이슬람 지역의 노천 시장에서 활동하는 소매상 하완티hawanti와는 아무런 공통점도 없습니다. 옛날부터 인도의 거대 도시였던 아그라를 1640년경에 둘러본 한 여행자는 다음과 같이 말했습니다. "이곳에서 소가도르sogador로 불리는 사람들은 모국 스페인에서 메르카데르mercader라고 부르는 사람에 해당한다. 그런데 그중에서도 카타리katari라고 특수하게 부르는 호칭이 있다. 이들은 이 나라에서 대단한 상거래 기술을 수행하고 신망이 두텁고 대단히 부유한 거상 중에서 가장 고명한 상인들을 가리킨다." 서구의 어휘에서도 이와 비슷한 차이점이 나타납니다. 도매상을 뜻하는 '네고시앙négociant'이라는 말은 17세기에 나타나는데, 프랑스의 카타리라고 할 수 있습니다. 이탈리아에서도 소매상 mercante a taglio과 도매상negoziante의 차이점은 아주 컸습니다. 잉글랜드에서도 소매상tradesman과 도매상merchant은 매우 달랐습니다. 잉글랜드의 도매상들은 바닷가 항구에 자리를 잡고서 특히 수출과 원거리 무역을 담당했습니다. 독일에서도 소매상Krämer을 뜻하는 말과 도매상(Kaufmann 또는 Kaufherr)을 뜻하는 말이 분화됩니다.

이슬람 세계에서든 기독교 세계에서든 이러한 자본가들이 군주와 가까운 사이였고, 국가에 협조하면서 또 국가를 이용하는 존재였다는 것은 말할 필요도 없을 것입니다. 이들은 오래전 아주 일찍부터 '국가'의 경계를 넘어섰고, 해외 상거래 중심지의 상인들과 손발을 맞추며 거래했습니다. 또 자기들에게 유리하도록 게임을 왜곡할 수천 가지 방법을 활용할 수 있었습니다. 신용을 조작한다든가, 양화良貨를 악화惡貨로 바꿔주는, 수지가 아주 좋은 게임도 벌였습니다. 은화와 금화 같은 양화는 굵직한 거래에 활용하면서 자본을 축적하는 데 활용하는 한편, 동화와 같은 질이 떨어지는 악화는 소소한 임금이나 물건 값을 치를 때―결국 노동을 활용할 때―이용하는 식입니다. 이들은 지식, 정보, 문화 면에서 누리는 우위를 바탕으로 주변에서 값나가는 것이면 무엇이든 장악해갑니다. 즉 토지나 부동산을 사들이고 지대 수입을 챙기는 식입니다. 이들이 독점권을 장악한다든지, 경쟁이 생겨도 십중팔구 맞수를 무력화시키는 힘을 손에 쥐게 될 거라는 점은 의심의 여지가 없을 것입니다. 네덜란드의 한 상인은 자기 사업을 거드는 프랑스 보르도의 하수인에게 사업 내용을 비밀에 붙이라는 서한을 보내면서, 비밀이 새나갈 경우에 대해 이렇게 경고합니다. "그 때문에 경쟁자가 끼어들기라도 하면 다른 수많은 일들에서 보듯 아무 이익도 남기지 못하게 될 것이오." 결국, 자본가들은 그들이 축적한 자본의 크기 덕분에 자신의 특권적 지위를 유지하고, 시대의 굵직한 국제 사업을 장악할 수 있게 됩니다. 그도 그럴 것이, 그 시절에는 운송이 아주 느려서 큰 거래를 하려면 자본의 회전이 오래 지연되는 것을 감수해야 했기 때문입니다. 즉 투자한 금액을 이익과 함께 회수하려면 몇 달은 보통이고 몇 년씩 걸리는 경우도 많았으므로 자금력이 아주 중요했습니다. 또 일반적으로 거상들은 자기 수중의 자본만 활용했던 게 아니라 신용(즉 다른 사람들의 돈)을 활용했으므로 큰 자금을 동원할 수 있었습니다. 이렇게 해서 자본이 (물론 신용도 동원해서) 각지로 움직이게 됩니다. 이탈리아 피렌체 부근 프라토의 상인 프란체스코 디 마르코 다티니가 남긴 기록을 보면, 14세기 말 이래로 환어음이 이탈리아 도시들과 당시 유럽 자본주의의 가장 역동적인 중심지들(바르셀로나, 몽펠리에, 아비뇽, 파리, 런던, 브뤼주) 사이에 유통되었다는 사실이 나타납니다. 하지만 그 시절 평범한 사람들이 보기에 이러한 메커니즘은 오늘날 스위스 바젤의 국제결제은행에서 진행되는 극비에 가까운 결정만큼이나 생소하고 알기 어려운 일이었습니다.

앞에서 본 대로 상품 혹은 교환의 세계는 수직적 위계가 철저했습니다. 가장 보잘것없는 직업(짐꾼, 하역 인부, 행상, 마부, 선원)이 있고, 그 위로 은행 출납원과 소매상, 다양한 명칭의 중개인, 고리대금업자가 있고, 가장 위로 가면 거상들이 위치합니다. 시장경제가 발전함에 따라 전문화와 분업이 빠른 속도로 심화되고 상품 사회 전체로 퍼져나갔습니다. 하지만 첫눈에 보기에도 놀랄 만한 것은 꼭대기에 있는 상인 자본가들은 이러한 전문화와 분업에서 벗어나 있었다는 점입니다. 그러니까 기능이 세분화되는 과정, 그렇게 진행된 근대화 과정은 애초부터 수직적 위계의 밑바닥에서만 나타났습니다. 각종 기능적 직업이나 소매상은 물론, 심지어 행상들까지도 전문화가 진행되었습니다. 하지만 수직적 위계의 꼭대기에는 전문화라는 것이 거의 없었습니다. 왜냐하면 19세기까지 최상위 상인들은 어느 하나의 활동에 국한된 적이 없었기 때문입니다. 물론 그들이 상인이었던 것만은 분명했지만, 어느 한 품목이나 분야만을 다루지는 않았습니다. 말하자면 그들은 상인임과 동시에, 상황에 따라서 선주船主이기도 했고 보험업자이기도 했으며 돈을 빌려주는 대부업자, 돈을 빌리는 차입자, 여신자와 차입자를 중개하는 금융가, 은행가이기도 했습니다. 이에 더하여 산업 활동에 뛰어드는 기업가이기도 했고, 농장의 경영주이기도 했던 것입니다. 18세기 바르셀로나의 소매상 보티게르botiguer는 늘 전문화된 업종에 종사했습니다. 포목을 팔든가, 고급 직물을 팔든가, 아니면 향신료를 파는 식이었습니다. 그가 도매상(네고시앙)이 될 만큼 돈을 많이 모으면, 곧바로 전문화를 벗어나 비전문화로 넘어갔습니다. 그날부터 손을 뻗을 수 있는 좋은 거래들은 전부 그가 할 수 있는 일이 됩니다.

　이러한 변칙적 모습이 자주 지적되기는 했지만, 이를 설명하는 내용은 좀처럼 만족스럽지 못합니다. 그러니까 상인이 위험을 줄이기 위해서 다양한 부문으로 활동을 분산한다는 이야기가 그것입니다. 즉 카민(중남미 사막의 선인장에 기생하는 곤충인 깍지벌레의 암컷에서 뽑아 정제한 붉은 색소―옮긴이)을 거래하다가 손실을 보더라도, 향신료 거래에서 이익을 낼 것이라는 논리입니다. 또 어떤 상거래 하나에서 성공하지 못하더라도, 환거래에서 이익을 낼 수 있다거나, 농민에게 돈을 빌려줘서 이자를 받을 수 있다는 것입니다. 쉽게 말해, "달걀을 한 바구니에 담지 말라"는 프랑스 속담을 따른다는 이야기가 됩니다.

　우선, 내 생각은 이렇습니다. 상인이 전문화하지 않는 이유는 그가 손댈 수 있는 분야 중 어느 하나도 그의 활동을 전부 소화해줄 만큼 푸짐하지 못했다는 점입니다. 지난날의 자본주의를 두고 자본이 너무 부족했다고 생각할 때가 많습니다. 그래서 옛날에는 자본주의가 왜소하기도 했고, 자본주의가 발달하기까지 자본을 축적하는 데 아주 오랜 시간이 걸렸다고들 생각합니다. 하지만 상인들이 주고받은 서한이나 상업 거래소의 기록을 살펴보면, 기를 쓰고 투자할 데를 찾아 달려들다가 헛물만 켜고 마는 자본이 자주 등장합니다. 짭짤한 투자 기회가 마땅히 없어서 군침을 흘리며 토지

취득에 나서는 자본가들 이야기도 나옵니다. 토지는 자본을 도피시킬 안전한 자산이기도 했고, 사회적 가치도 있었습니다. 나아가 잉글랜드나 베네치아 공국 등지에서 종종 나타났듯이 근대적 방식으로 경작하여 상당한 수입원의 역할을 하는 토지를 취득하기도 합니다. 자본가들은 또 도시 부동산에 투기하기도 했고, 15~16세기 광산 투기에 나설 때처럼 산업 분야로―신중하지만 지속적으로―손을 뻗기도 했습니다. 하지만 중요한 점은, 예외적인 경우를 제외하면 자본가들이 생산 시스템에는 관심을 두지 않았다는 것입니다. 그들은 선대제putting out(先貸制) 시스템을 통해 가내 수공업을 활용하는 방식으로 수공업적 생산을 통제하고 판로에 신경을 쓰는 정도에 만족했습니다. 그러니까 19세기까지 근대적 제조업은 수공업 장인들이나 선대제 시스템과 견주어볼 때 생산의 아주 작은 부분에 불과했습니다.

둘째, 거상이 활동 영역을 자주 바꾸는 것은 큰 이익이 나는 부문이 계속 변하기 때문입니다. 자본주의는 본질적으로 '긴 시간을 두고 순환conjoncture' 하는 흐름을 타고 자기 존재를 유지해갑니다. 오늘날에도 자본주의가 기염을 토하는 힘 중의 하나는 쉽게 적응하고 새로운 모습으로 변한다는 것입니다.

셋째, 상인들이 이따금 상거래에서 전문화하는 경향이 나타나는 분야가 딱 하나 있기는 했습니다. 바로 돈 장사, 금융 거래입니다. 하지만 금융 거래에서 거둔 성공은 오래간 적이 한 번도 없었습니다. 금융 거래의 잦은 부침은 마치 경제라는 건축물이 그 꼭대기 층인 금융에 양분을 충분히 밀어 올리지 못하는 양상 같았습니다. 피렌체의 은행업은 번영을 잠깐 누리는 듯하다가 14세기 바르디와 페루치 가문과 함께 붕괴했고, 이어서 15세기에는 메디치 가문과 함께 다시 또 붕괴했습니다. 1579년부터 피아첸차 정기시는 제노바 은행가들의 주도로 유럽에서 거의 모든 상거래 결제의 청산소clearing-house로 부상했지만, 이들의 모험적 사업이 도를 넘어서는 바람에 50년이 못 되어 1621년에 막을 내리게 됩니다. 그다음 17세기 유럽의 신용 네트워크를 아우르는 암스테르담의 지배 또한 찬란했지만, 이 역시 18세기에 실패로 마감합니다. 금융 자본주의는 19세기 들어 1830~1860년대가 지나서야 성공을 맞게 됩니다. 이 무렵에야 은행업계가 산업과 상거래 양쪽을 다 장악하게 되었고, 경제 전반이 금융이라는 구조물을 확실하게 떠받칠 수 있을 만큼 충분한 활력을 획득하게 됩니다.

　이제 요약을 좀 해보겠습니다. 그러니까 교환은 두 가지 유형이 있습니다. 하나는, 낮은 곳에 자리하는 교환이고, 이러한 교환은 투명하기 때문에 경쟁의 힘이 항상 작용합니다. 다른 하나는, 높은 곳에 위치하는 교환이고 섬세하며 지배력을 행사합니다. 이 두 가지 활동은 지배하는 메커니즘도 다르고 행위자도 다릅니다. 여기서 자본주의가 자리하는 영역은 첫 번째 교환이 아니라, 두 번째 교환입니다. 투박한 모양새의 교활하고 잔인한 촌락 자본주의가 존재할 수 있다는 것을 나는 부정하지 않습니다(모스크바의 빅토르 달린Viktor Dalin 교수에게서 전해들은 바로는 레닌이 이런 말도 했다고 합니다. "사회주의 국가에서도 촌락 시장에 자유를 일단 허용하고 나면, 그로부터 자본주의라는 나무 전체가 다시 자라날 것"이라고까지 주장했다는 것이지요). 또한 소매상들이 형성하는 '아주 자그마한 자본주의microcapitalisme'가 존재할 수 있다는 것도 나는 부정하지 않습니다. 바로 그러한 곳에서 진정한 자본주의가 싹튼다는 것이 알렉산드르 거센크론Alexander Gershenkron의 생각입니다. 자본주의의 밑바탕을 이루는 불평등한 힘의 관계는 사회생활의 모든 수준에서 생겨나고 존재할 수 있습니다. 하지만 결론적으로 말해, 최초의 자본주의가 자기 모습을 펼치고 세력을 형성하며 우리 눈앞에 등장한 것은 사회의 최상층에서였습니다. 다시 말해, 우리가 자본주의를 추적해서 그 실체를 발견할 기회는 바르디, 자크 쾨르, 야코프 푸거, 존 로, 자크 네케르Jacques Necker(스위스 태생의 프랑스 은행가이자 정치가) 같은 사람들이 활동하는 수준에 있습니다.

　사람들은 보통 자본주의와 시장경제를 구분하지 않는데, 그 이유는 이 둘이 중세 시대부터 오늘날까지 같은 걸음으로 걸어왔기 때문이고, 자본주의를 경제가 발전하는 동력이라고 내세우거나 경제가 고도로 발전된 상태로 묘사할 때가 많았기 때문입니다. 하지만 실제로는 모든 것이 물질생활의 거대한 등판을 딛고 서 있습니다. 물질생활이 팽창하면 모든 것이 앞으로 나아갑니다. 시장경제는 물질생활을 희생시키면서 그 자신은 빨리 팽창하고 또 자신의 관계망을 확장합니다. 이렇게 시장경제가 팽창할 때 자본주의는 항상 이득을 봅니다. 나는 기업가를 자본주의 시스템 전체의 해결사인 양 내세우는 조지프 슘페터의 생각이 옳지 않다고 생각합니다. 내 생각은 어디까지나, 결정적인 것은 전체의 운동이며, 자본주의는 어떤 형태의 것이든 간에 우선은 그 밑에서 받쳐주는 경제를 바탕으로 움직인다는 것입니다.

4. 전 역사의 관점에서 볼 때 자본주의는 '밤의 손님'이다

소수의 특권으로서 존재하는 자본주의가 사회와 능동적으로 공모하지 않고 존재한다는 것은 생각할 수 없습니다. 자본주의는 필연적으로 사회 질서의 한 실재이고, 정치 질서의 한 실재이기도 하며, 문명의 한 실재이기도 합니다. 왜냐하면 일정한 방식으로 사회 전체가 자본주의의 가치를 어느 정도 의식적으로 수용해야 하기 때문입니다. 하지만 항상 그리되는 것만은 아닙니다.

고도로 분화된 사회는 모두 여러 가지 '집합'으로 나뉘게 됩니다. 경제 영역, 정치 영역, 문화 영역, 사회적 위계의 영역과 같이 구분되는 작은 '집합'들이 사회 전체를 구성하는 것이지요. 경제는 자신과 다른 '집합'과의 관계 속에서만 이해될 수 있을 것입니다. 왜냐하면 경제는 다른 '집합'들 속으로 스며들기도 하고, 인접한 다른

교환의 세계 77

'집합'들에게 자신의 문을 열어주기도 하기 때문입니다. 작용이 생기고 또 반작용도 생기는 것이지요. 자본주의는 경제 영역의 한 부분을 차지하는 특수한 형태입니다. 그 실체는 인접한 영역과 그 영역들에 침투한 모습을 비추어보지 않고는 충분히 설명될 수 없을 것이고, 그때에야 자본주의의 진정한 모습이 드러날 것입니다.

예를 들어 근대 국가는 자본주의를 만들어낸 모태가 아니라 자본주의를 물려받았을 뿐입니다. 그래서 자본주의에 우호적일 때도 있었고, 적대적일 때도 있었습니다. 또 자본주의가 팽창하도록 내버려두는 경우도 있었지만, 머리를 드는 자본주의를 파괴하기도 했습니다. 자본주의는 국가와 한 몸을 이룰 때에만, 즉 자본주의가 국가가 될 때에만 승리합니다. 베네치아, 제노바, 피렌체 등 이탈리아의 도시 국가에서 자본주의가 처음으로 크게 성장할 때 권력을 쥔 사람들은 돈 많은 엘리트층이었습니다. 17세기 네덜란드의 특권 계급인 레헨트Regent는 사업가와 상인, 대부업자의 이해를 대변하고 심지어 그들의 지침에 따라 통치했습니다. 잉글랜드에서도 1688년 명예혁명 후에 네덜란드와 마찬가지로 상인들의 권력 진출이 부분적으로 일어납니다. 프랑스에서는 이보다 100년이 넘는 세월이 지나, 1830년 7월 혁명에 이르러서야 상인 부르주아지가 정부 안에 자리를 잡게 됩니다.

이처럼 국가는 그 나름의 균형과 저항력에 따라서 돈이 좌우하는 세계에 우호적일 때도 있었고 적대적일 때도 있었습니다. 문화와 종교도 마찬가지입니다. 종교는 본래 보수적 세력이어서 시장의 혁신이나 돈과 투기, 고리대금업에 반대했습니다. 이처럼 계속 반대하던 교회도 타협을 하게 되고, 어쩔 수 없이 시대의 요구에 동의하게 됩니다. 간단히 말해, 교회는 예전에 '현대적 적응modernism'이라 일컬었던 '아조르나멘토aggiornamento'를 수용하게 됩니다. 역사가 오귀스탱 르노데Augustin Renaudet는 토마스 아퀴나스(1225?~1274)가 처음으로 제정한 현대적 적응이 어떻게 빛을 보게 되었는지 설명하곤 했습니다. 하지만 종교―결국 문화―가 이러한 장애물을 상당히 이른 시기에 풀어주었다고 해도, 원칙적인 반대 입장을 꾸준하게 유지했습니다. 특히 이자가 붙는 융자는 고리대금업과 똑같이 취급해 강력하게 금지했던 것이지요. 이러한 양심의 가책이 종교개혁에 이르러서야 제거되었으며 바로 이 점이 북유럽에서 자본주의가 발전했던 중요한 이유라고 보는 시각도 나왔습니다. 막스 베버의 생각이 그러합니다만, 좀 성급한 견해였다고 생각합니다. 그가 보기에 근대적 의미의 자본주의는 프로테스탄티즘, 좀 더 정확히 말하자면 청교도주의의 출현 그 이상도 이하도 아니었습니다.

역사가들은 이 묘한 이론에 모두 반대했지만, 단번에 폐기하기는 어려웠습니다. 계속해서 그들 앞에 이 이론이 머리를 들었습니다. 그렇지만 이 이야기는 명백히 틀린 것입니다. 북유럽은 고래의 자본주의 중심지였던 지중해 지역이 그들에 앞서 아주 오랫동안 찬란하게 차지하고 있던 자리를 그냥 가져갔을 뿐입니다. 북유럽 사람들은 아무것도 새로 만들어내지 않았습니다. 기술에서도 그렇고, 사업 관리 면에서도 그렇습니다. 암스테르담은 베네치아를 본떴을 뿐입니다. 그다음 런던은 암스테르담을 본뜨고, 다시 또 뉴욕이 런던을 본뜨게 됩니다. 매번 이러한 변화를 유발했던 문제의 핵심은 세계 경제의 무게 중심이 경제적인 이유로 이동했다는 것입니다. 하지만 그 경제적 이유는 자본주의 본연의 속성이라든가 무언가 비밀스러운 자본주의의 특징과는 무관한 것들이었습니다. 무게 중심이 지중해에서 북해로 넘어가는 변화는 16세기 막판에 확고하게 마무리됩니다. 이것은 새로 부상한 국가가 오래된 나라를 제치고 승리했음을 뜻합니다. 이때 경제의 규모 자체도 크게 변합니다. 전에 없던 대서양 경제가 새로 부상함에 따라 경제 일반이 크게 팽창하고, 거래와 무역도 팽창하고, 통화 공급량도 늘어났습니다. 이때도 역시 암스테르담과 긴밀히 연결돼 있던 시장경제가 활발하게 발전하는데, 바로 이 바탕을 딛고 자본주의의 구조물들이 덩치를 키워가게 됩니다. 결론적으로 볼 때, 막스 베버가 오류에 빠지게 된 본질적 이유는 그의 연구 초반에 근대 세계의 촉매제로 자본주의의 역할을 너무 과대평가했던 데 있는 것이 아닌가 생각합니다.

    하지만 그러한 문제[4]가 자본주의 태동의 본질적 문제는 아닙니다. 사실 자본주의의 숙명적 과제는 사회의 수직적 위계와 부딪히는 문제였습니다.

어느 사회든 진화가 진행되면 여러 가지 수직적 위계가 갖추어집니다. 쉽게 말해 여러 가지 사다리가 있다고 치면, 그 맨 밑바닥에 대다수 인구―베르너 좀바르트가 말하는 서민Grundvolk―가 어렵게 살고 있고, 사다리 위쪽으로 올라가야 바닥에서 탈출할 수 있습니다. 종교적 위계도 있고, 정치적 위계도 있고, 군사적 위계, 그리고 돈과 재물에 관련된 여러 가지 위계도 있습니다. 시대와 장소에 따라서 이 같은 사회적 위계들 사이에 반목이 일어나기도 하고, 타협이나 동맹이 생기기도 합니다. 때에 따라 서로 다른 위계가 뒤엉키고 결합하기도 합니다. 13세기 로마에서 정치적 위계와 종교적 위계는 서로 분간하기 어려울 만큼 일심동체를 이루고 있었습니다. 그런데 도시 주변에서 토지와 가축을 기반으로 위험한 토호 귀족 계급이 생겨났는가 하면, 시에나(이탈리아)의 은행가들도 이미 아주 높은 지위에 올라와 있었습니다. 14세기 말 피렌체에서 고래의 봉건 귀족과 크게 성장한 신흥 상인 부르주아지는 하나로 결합해 부유한 엘리트층을 형성하게 됩니다. 이들은 체계적으로 정치권력을 장악해 들어갑니다. 이와 달리 사회적 맥락이 다른 곳에서는 정치적 위계가 다른 위계들을 분쇄하기도 합니다. 명나라와 청나라 때의 중국이 그러한 경우입니다. 중국만큼 선명하게 오래 지속되지는 않았지만 구체제의 프랑스 왕정도 그러한 경우입니다. 프랑스 왕정은 상인들에게―부유한 상인들에게도―특권적 역할을 주지 않았고, 귀족으로 구성되는 지배적 위계를 가장 중시했습니다. 루이 13세 치하의 프랑스에서 권력에 들어서는 길은 국왕과 궁정 가까이 접근하는 것이었습니다. 라로셸 근처 뤼송의 초라한 주교에 불과했던 리슐리외 추기경의 본격적인 경력은 왕의 모친 마리 데 메디치의 사제를 맡으면서 시작됐고, 그때부터 궁정에 들어가서 극소수의 통치자 집단에 진입하게 됩니다.

  어느 사회든 개인의 야망을 실현하기 위한 이런저런 길들이 있기 마련입니다. 각 사회마다 그러한 성공의 유형들이 존재합니다. 서구에서 개인이 홀로 성공하는 경우가 드물지는 않았지만, 역사는 똑같은 교훈을 되풀이해서 보여줍니다. 즉 개인의 성공은 언제나 악착스럽게 재산과 영향력을 야금야금 키워가는 신중하고 세심한 가문의 자산에서 비롯되었다는 것입니다. 그들의 야망은 아주 오랜 시간을 두고 끈기 있게 차근차근 펼쳐집니다. 그러면 이 '유서 깊은' 가문과 혈통이 밟아온 영광과 공적을 열심히 찾아봐야 하는 것일까요? 그러한 흔적을 찾는 것은 서구의 경우에 우리가 대략 부르주아지의 역사라고 부르는 것을 밝히는 것입니다. 부르주아지의 역사라는 표현은 나중에 와서야 쓰이기 시작했습니다. 부르주아지는 자본주의적 과정을 주도했던 사람들이고, 자본주의의 등골을 형성하게 될 견고한 위계를 만들어내기도 하고 활용하기도 했던 사람들입니다. 자본주의는 여러 가지 수단을 순차적으로 혹은 한꺼번에 활용하여 자신의 재산과 권력을 단단히 구축해갔습니다. 상거래와 고리대금업, 원거리 무역을 주요한 디딤돌로 삼았고, 관료를 활용하기도 했습니다. 또 안전하고 확실한 가치였던 토지도 활용했습니다. 토지는 우리가 짐작하는 것 이상으로 사회 자체에 대해 특권을 행사할 수 있는 수단이었기 때문입니다. 이처럼 가문과 혈통을 타고 흐르는 장구한 과정을 주의 깊게 지켜보고, 천천히 재산과 권세가 축적되어가는 과정을 눈여겨보면, 유럽에서 봉건 체제에서 자본주의 체제로 넘어가는 과정을 이해하는 것이 그다지 어렵지 않습니다. 봉건 체제에서는 영지를 차지하는 영주들의 가문이 혜택을 누렸습니다. 가장 기본적 재산인 토지를 봉건 영주들끼리 나눠 갖는 것이 부를 안정적으로 할당하는 형태이기도 했고, 봉건 사회의 맥락에서 질서를 유지하는 방편이기도 했습니다. '부르주아지'는 수백 년 세월이 흐르는 동안 이 특권 계급에 붙어 기생하게 됩니다. 그들 가까이에 서식하면서 반항하기도 하고, 그들의 실수와 사치, 게으름과 어리석음을 이용함으로써 이 특권 계급의 재산을—종종 고리대금을 이용하여—빼앗아갑니다. 그러다가 결국 그들 속으로 비집고 들어가 스스로 특권 계급이 됩니다. 그러는 와중에 다른 부르주아들이 치고 올라와서 공격을 하게 되고, 결국 예전의 똑같은 싸움이 다시 시작됩니다. 한마디로 부르주아지의 기생은 아주 오랜 시간을 두고 지속됩니다. 부르주아지는 지배 계급을 끊임없이 파괴해 들어가면서 자신의 이익을 챙깁니다. 하지만 부르주아지의 부상은 아주 느리고 끈질기게 진행됩니다. 그렇게 그들의 야망은 후손 대대로 이어지며 차곡차곡 진행됩니다.

이러한 유형의 사회는 봉건 사회에서 싹트기 시작해 여전히 절반은 봉건적인 채로 남아 있기 때문에 소유권과 사회적 특권이 비교적 잘 보호되기 마련입니다. 그만한 지위에 오른 가문들은 비교적 별 탈 없이 특권을 누릴 수 있게 되고, 소유권은 신성불가침으로 취급됩니다. 그러한 사회에서는 대체로 각자의 위치가 그대로 유지됩니다. 이처럼 사회적 물결이 (어느 정도) 안정적이어야만 집안 재산이 축적될 수 있고, 부르주아로 성장할 가문들이 생겨나고 유지될 수 있습니다. 또 그래야만 화폐 경제를 배경으로 마침내 자본주의가 생겨나게 됩니다. 이 과정에서 자본주의는 고래의 상류 사회가 움켜쥐고 있던 아성을 파괴하게 됩니다. 하지만 자본주의는 자신의 이익을 위해 그에 못지않게 견고하고 질긴 아성을 새로 만들어가게 됩니다.

이와 같이 오랜 시간에 걸쳐 집안 재산을 불려가다가 어느 날 극적인 성공을 구가하는 가문들이 나타납니다. 서구 사람들은 이런 식의 변화가 서구 사회의 본질적인 특징이었다는 것을 알아보기가 어렵습니다. 왜냐하면 예나 지금이나 서구 사회에서는 이런 일들이 자주 일어나기 때문입니다. 사실 우리 시선을 유럽 밖으로 돌려 다른 사회에서는 어떤 식으로 사태가 전개되었는지 살펴보아야만 서구적 특징이 눈에 들어오기 시작합니다. 유럽 밖에서는 우리가 **자본주의**라고 부르는—혹은 부를 수 있는—실체가 극복하기 어려운 사회적 장애물에 부딪힙니다. 자본주의가 극복할 수 없는 장애물도 있었습니다. 이러한 장애물을 유럽과 비교해보면 일반적인 설명의 실마리를 찾을 수 있을 것입니다.

일본 사회는 자본주의가 성장하는 과정이 유럽과 거의 같아서 예외로 취급할 것입니다. 즉 일본에서도 봉건 사회가 천천히 퇴화하는 추세 속에서 자본주의 사회가 분리되어 나오게 됩니다. 일본은 상거래를 통해 성장한 가문들의 명맥이 가장 오래 유지되는 나라입니다. 17세기에 흥성하기 시작한 가문들이 오늘날까지도 번창을 이어가는 경우도 있습니다. 하지만 여러 사회의 역사를 비교해보면, 서구와 일본은 거의 그 사회 내부의 독자적 동인에 따라 봉건적 질서에서 화폐적 질서로 진화한 유일한 사례에 속합니다. 다른 지역은 국가가 차지하는 위상도 그렇고, 신분상의 특권이나 부富의 특권이 차지하는 위상이 서구나 일본 사회와 아주 달랐습니다. 이러한 차이점에서 교훈을 도출해보려고 합니다.

중국이나 이슬람 지역을 살펴보도록 하지요. 중국의 자료를 보면, 불완전한 통계이기는 하지만 사회의 수직적 이동성이 유럽보다 훨씬 컸다는 인상을 받게 됩니다. 특권 계급에 속하는 사람들이 상대적으로 더 많아서가 아니라, 사회가 유럽보다 훨씬 불안정했기 때문입니다. 특권 계급의 문호가 열려 있었고, 수직적 위계가 개방되어 있었는데, 관리를 채용하는 과거제도가 바로 그것입니다. 이 시험이 항상 공정하게 처러지지는 않았겠지만, 원칙적으로 모든 사회 계층에 개방되어 있었습니다. 어쨌거나 중국의 과거제도는 19세기 서구의 유수한 대학교와는 비교도 되지 않을 만큼 개방적이었습니다. 고위 관직에 문호를 개방하는 시험은 사회적 신분을 결정하는 카드를 다시 섞는 격이어서, 사실상 일종의 뉴딜 New Deal이 항상 진행되었던 셈입니다. 하지만 그렇게 시험을 통과해 고위직에 도달하더라도, 그것은 개인이 한평생 누릴 수 있는 종신직일 뿐이어서 불안정한 지위에 불과했습니다. 관직에 오르면 재산을 모으게 되지만, 그 재산이란 것이 유럽에서처럼 커다란 가문을 일으킬 만한 것은 되지 못했습니다. 더욱이 재산이 아주 많거나 권세가 큰 가문은 원칙적으로 국가의 감시를 받는 표적이 되었습니다. 오로지 국가만이 토지의 합법적 소유자였고, 농민에게 세금을 징수할 권한이 있었습니다. 또 국가는 매우 면밀하게 광업과 산업, 상거래를 감독했습니다. 국지적으로 상인과 부패한 관리가 공모하는 일이야 늘 있었지만, 중국의 국가는 언제나 자본주의의 확산에 적대적이었습니다. 유리한 상황 덕에 자본주의가 자라날 때도 있었지만, 그때마다 결국 일종의 전체주의와도 같은 국가의 통제에 굴복해야 했습니다(전체주의라는 용어의 경멸적 의미는 모두 걷어낸 상태에서 하는 말입니다). 중국의 진정한 자본주의는 중국 밖에서만 존재했습니다. 예를 들어 동남아시아 군도에서는 중국 상인이 완전히 자유를 누리며 행동하고 군림할 수 있었습니다.

드넓은 이슬람 지역의 국가들은 특히 18세기 이전에 토지 소유가 잠정적이었습니다. 왜냐하면 중국과 마찬가지로 토지는 법적으로 군주의 소유였기 때문입니다. 역사가들이 구체제의 유럽에 적용하던 용어를 쓰자면, 영구적으로 상속되는 가문의 봉토fief(封土)와 구분하여 상속을 불허하는 종신 은대지bénéfice(恩貸地)라고 표현할 수 있을 것입니다. 달리 말해, 예전 서구에서 카롤링거 왕조 때처럼 국가가 영지(즉 토지, 마을, 지대)를 분배해주었고, 수혜자(즉 영주)가 사망할 때마다 그의 영지는 다른 사람에게 분배해줄 수 있는 상태가 되었습니다. 군주 입장에서 볼 때 병사와 기사에게 줄 것을 주고 그들의 용역을 확보하는 방법이었습니다. 영주가 사망하면, 그의 영지와 모든 재산은 이스탄불의 술탄이나 델리의 무굴 제국 황제에게 다시 돌아갔습니다. 이 대단한 군주들은 권력이 유지되는 한, 지배 사회와 엘리트 계급을 속옷 바꿔 입듯이 갈아치울 수 있었고, 전혀 서슴지 않고 실행에 옮기기도 했습니다. 따라서 사회 지배층이 빈번하게 교체되었고, 군주 이외의 일반 가문이 견고하게 자리 잡기가 불가능했습니다. 18세기 카이로에 대한 최근 연구를 보면, 규모가 큰 거상들이 당대를 넘어 다음 세대까지 지위를 유지하는 경우가 별로 없었다고 합니다. 정치 사회가 그들을 집어삼켰던 것입니다. 인도에서는 상인의 생활이 이보다 더 안정적이었습니다. 왜냐하면 불안정한 사회 상층부 밖에 놓여 있는 카스트 제도의 보호막 안에서 상인과 은행가들이 자기 신분을 유지하며 상거래를 영위할 수 있었기 때문입니다. 이제 내가 주장하는 이론이 좀 더 이해하기 쉽게 다가올 것입니다. 단순하고 상식적인 내용입니다. 즉 자본주의가 성장하고 성공하려면 일정한 사회적 조건이 갖추어져야 한다는 것입니다. 자본주의에 필수불가결한 그 사회적 조건이란 사회적 질서가 어느 정도 안정적이어야 하고, 국가가 자본주의에 대해 어느 정도 중립적이거나, 아니면 허약하거나 호의적이어야 한다는 것입니다. 서구에서도 이러한 국가의 호의성에는 정도의 차이가 있었습니다. 프랑스가 다른 나라들—예컨대 영국—에 비해 자본주의에 대해 호의적이지 않았던 것은 주로 과거부터 깊숙이 자리 잡고 있던 사회적 요인에 기인합니다.

이러한 나의 시각에 심각하게 반대하는 견해는 없을 것이라고 봅니다. 하지만 새로운 문제가 등장합니다. 자본주의는 수직적 위계를 필요로 합니다. 하지만 역사가의 눈으로 볼 때 이 위계라는 것은 무엇일까요? 역사가로서 헤아릴 수 없을 정도로 많은 사회를 보고 또 보아도 전부 나름의 위계가 있습니다. 그러한 사회들의 위계를 살펴보면, 결국 꼭대기에 있는 소수의 사람들이 특권과 권력을 누립니다. 지난날을 돌이켜보면, 늘 그러한 위계가 있었습니다. 13세기 베네치아나 구체제하의 유럽에도 있었고, 티에르Louis Adolphe Thiers(1797~1877) 총리가 활동하던 프랑스나 1936년의 프랑스에도 있었습니다. 이때 프랑스 대중의 구호는 '200개 가문'의 권력을 배격하자는 것이었습니다. 그 밖에 일본에도, 중국과 오스만 제국, 인도에도 수직적 위계는 존재했습니다. 그리고 오늘날에도 역시 위계가 존재합니다. 미국에서도 자본주의는 없던 사회적 위계를 새로 만드는 게 아니라 기존의 위계를 이용했습니다. 자본주의가 시장이나 소비를 새로 만들어냈던 게 아니라 이용했던 것과 마찬가지입니다.

긴 역사의 관점에서 보면 자본주의는 '밤의 손님'입니다. 모든 것이 다 갖추어졌을 때 자본주의가 당도한 것이지요. 달리 말하면, 수직적 위계라는 문제 자체는 자본주의 너머의 문제이고, 자본주의를 초월하는 문제이며, 자본주의가 출현하기에 앞서 존재하며 자본주의를 통제했습니다. 그리고 유감스러운 일이지만, 비자본주의 사회에서도 수직적 위계는 철폐되지 않았습니다.

내가 『물질문명과 자본주의』에서 아무 결론도 내리지 않은 채 길게 풀어가는 이야기는 바로 이런 문제들을 염두에 두고 적었던 것입니다. 왜냐하면 그것은 분명 가장 중요한 문제이고, 문제 중의 문제이기 때문입니다. 수직적 위계—한 사람이 다른 사람에게 의존한다는 것—를 파괴해야 하는 것일까요? 1968년에 장 폴 사르트르는 파괴해야 한다고 말했습니다. 하지만 과연 가능한 것일까요?

강의 3
세계의 시간

앞선 두 강연에서 여러분들 앞에 여러 가지 퍼즐 조각을 제시했습니다. 설명하기 편한 대로 따로따로 제시한 경우도 있고 묶어서 제시한 경우도 있었습니다. 이제 그 퍼즐 조각들을 다 합쳐보아야 할 때입니다. 이것이 『물질문명과 자본주의』 제3권의 목적입니다. "세계의 시간"이라고 표현한 부제가 내가 노리는 목표를 암시합니다. 그러니까 자본주의와 그 진화 과정, 그리고 자본주의가 활용하는 수단을 세계의 전체사 histoire générale(全體史)5와 연결시켜보는 것입니다.

역사란 형태와 경험이 시간을 따라 이어지는 것을 말합니다. 세계 전체란 15~18세기 사이 모습을 드러낸 통일성을 말하는데, 즉 인간 생활의 모든 방면과 세계의 모든 사회와 경제와 문명에 대해 시간이 지날수록 더 큰 영향력을 행사하는 통일성을 말합니다. 그런데 이 세계는 불평등 속에서 자기 모습을 드러냅니다. 부유한 국가와 저개발 국가로 나뉘는 오늘날의 이미지는 달라진 것이 좀 있다고 해도 이미 15~18세기에도 마찬가지였습니다. 물론 자크 쾨르가 활동하던 시대부터 장 보댕Jean Bodin, 애덤 스미스, 케인스가 활동하던 시대까지 부유한 나라와 가난한 나라가 항상 똑같은 나라들은 아니었습니다. 구르는 바퀴의 위아래가 뒤집어지듯 세상은 변했습니다. 하지만 세상을 관통하는 법칙은 거의 변하지 않았습니다. 아직도 세상은 특권을 누리는 사람들과 그에서 배제된 사람들로 나뉩니다. 세상의 **구조적인** 모습은 여전히 그렇습니다. 세계 차원에서도 사회 같은 것이 존재합니다만, 일상적 사회 못지않게 수직적 위계가 지배하고 있습니다. 그래서 이 세계 차원의 사회도 보통 사회를 확대해놓은 것처럼 낯익은 모습입니다. 소우주와 대우주는 결국 싸임새가 똑같습니다. 그 이유는 무엇일까요? 내가 답하려고 하는 것이 바로 이 물음이지만, 만족할 만한 답을 찾는 데 실패할지도 모릅니다. 역사가는 '왜?'라는 문제보다는 '어떻게?'라는 문제를 더 편하게 접근합니다. 또 커다란 문제의 근원보다는 결과를 더 잘 알아봅니다. 물론 그 때문에 역사가는 더욱더 그 근원을 찾는 데 열광합니다. 비록 그러한 근원들이 역사가를 비웃기라도 하듯 그를 자주 비껴가기는 하지만 말입니다.

1. 경제계는 그 자체로
완전한 경제 단위를 이루는 경제권이다

한 번 더 용어를 정비할 일이 있습니다. 세계경제économie mondiale와 경제계économie-monde(經齊界)⁶ 라는 두 용어를 구분해서 활용해야 합니다. 두 번째 용어가 첫 번째 것보다 더 중요합니다. 세계경제는 세계를 전부 합쳐봤을 때의 경제, 즉 세계의 경제 전체를 뜻하며, 일찍이 시스몽디Jean Charles Léonard de Sismondi(스위스의 경제학자이자 역사가. 경제학이 부의 생산에만 골몰하면서 행복을 위해 부를 활용하는 데는 무관심하다고 주장했고, 과잉 생산과 과소 소비 이론으로 유명하다)가 표현한 것처럼 '지구 전체의 시장'을 말합니다. 경제계는 내가 세계경제란 뜻의 독일어 낱말 벨트비르트샤프트Weltwirtschaft를 참고해서 만들어낸 용어입니다. 경제계는 지구의 어느 한 부분에 국한된 경제를 가리키는데, 그 자체로 하나의 완전한 경제 단위를 이루는 경제권을 말합니다.

오래전에 나는 16세기의 지중해가 그 자체로 **벨트비르트샤프트**이자, 하나의 경제계라고 썼습니다. 경제계를 달리 표현하자면 독일어로 하나의 **독자적 세계**ein Welt für sich라고 말할 수 있을 것입니다.

경제계는 세 가지 특징으로 정의할 수 있습니다. 첫째, 일정한 지리적 공간을 차지합니다. 따라서 그 지리적 공간의 한계를 표시하는 울타리가 존재합니다. 경제계의 울타리는 변하기는 하지만 매우 천천히 변합니다. 이따금 불가피하게 울타리가 끊어지는 파열이 발생하지만 매우 긴 간격을 두고 일어납니다. 예를 들어, 대항해시대Grandes Découvertes(15~17세기 초 유럽인들이 인도 항로와 아메리카 대륙을 발견하던 시기—옮긴이)에 뒤이어 유럽 경제계의 울타리에 파열이 일어났습니다. 또 1689년 러시아의 표트르 내세가 러시아의 문호를 유럽 경제에 개방했을 때도 그랬습니다. 가령 오늘날 중국과 소련의 경제가 전적으로 개방되어 대외 교류가 완전히 자유로워진다고 상상해봅시다. 그렇게 되면 서구 공간의 한계를 긋는 현 상태의 울타리에 구멍이 뚫릴 것입니다(이 강연을 한 시점이 1976년이므로 당시 동서로 갈려 있던 냉전 시대의 서구권 울타리에 파열이 일어날 거라는 의미—옮긴이).

둘째, 하나의 경제계에는 언제나 하나의 핵, 혹은 중심이 있습니다. 지배적 도시 하나가 그러한 역할을 하는데, 예전에는 도시국가였고, 오늘날에는 경제적 수도입니다(미국을 예로 들면, 워싱턴 D.C.가 아니라 뉴욕). 한편 동일한 경제계 안에 두 개의 중심이 오랫동안 존재할 수도 있습니다. 카이사르 아우구스투스와 마르쿠스 안토니우스, 클레오파트라 시대에 로마와 알렉산드리아가 두 개의 중심이었고, 키오자 전쟁(1378~1381) 시기에 베네치아와 제노바도 두 개의 중심이었습니다. 18세기 런던과 암스테르담도 두 개의 중심이었는데, 나중에 네덜란드가 완전히 배제되면서 런던만 중심으로 남게 됩니다. 왜냐하면 두 개의 중심 가운데 언제나 하나만 살아남기 때문입니다. 마찬가지로 1929년 약간의 망설임이 있었지만, 세계의 중심은 의문의 여지없이 런던에서 뉴욕으로 넘어가게 됩니다.

셋째, 모든 경제계는 계층적인 경제권으로 나뉩니다. 우선, 중심 주위로 '중심부coeur'가 자리 잡게 됩니다. 17세기 암스테르담이 세계를 지배하던 시기에 네덜란드지역연합이 그러한 중심부였습니다(하지만 네덜란드지역연합 전체가 중심부였던 것은 아닙니다). 또 1780년대 이후 런던이 암스테르담의 자리를 차지한 뒤로 영국이 그러한 중심부였습니다(하지만 영국 전체가 중심부였던 것은 아닙니다). 그다음, 중심부를 에워싸는 '중간부zone intermédiaire'가 위치합니다. 마지막으로 아주 넓은 '주변부zone périphérique'가 펼쳐지는데, 해당 경제계의 특징을 이루는 분업 체계에 비추어볼 때 주변부는 경제계의 분업에 참여한다기보다 종속되는 처지에 놓이게 됩니다. 이 주변부 사람들이 사는 모습을 보면 연옥이나 심지어 지옥을 연상하게 됩니다. 그들이 놓인 지리적 상황이 그러한 이유를 충분히 설명해줍니다.

주마간산 식으로 이야기한 것이라서 좀 더 부연하는 설명과 증명이 필요할 것입니다. 그 상세한 내용은 『물질문명과 자본주의』 제3권에서 보게 될 것입니다. 하지만 임마누엘 월러스틴Immanuel Wallerstein이 1974년 미국에서 낸 책, 『근대세계체제The Modern World System』에서도 정교한 설명을 볼 수 있습니다. 이 책은 프랑스에서 『15세기 이래 세계체제Système du monde du 15e siècle à nos jours』라는 제목으로 플라마리옹 출판사에서 나왔습니다. 월러스틴과 나는 이러저러한 논점이나 한두 가지 일반적 명제에서 의견을 달리하지만 이 정도의 차이는 그다지 중요하지 않습니다. 월러스틴은 16세기 들어서야 유럽 경제계가 구축되기 시작했고, 이것이 유일한 경제계였다고 봅니다. 이와 달리, 나의 생각은 유럽인들이 세계의 전체상을 인식하기 오래전—중세나 심지어 고대—부터 세계는 여러 개의 경제권들로 나뉘어 있었다는 것입니다. 또한 나는 이 경제권들이 그 중심의 구심력과 응집력을 어느 정도 갖춘 것들이어서 복수의 경제계로서 공존했다고 봅니다. 하지만 이런 견해 차이에도 불구하고 본질적인 부분에서 월러스틴과 나의 시각은 동일합니다.

이 경제계들은 그들끼리 교역하는 일이 거의 없이 공존하면서 지구상의 인구 거주 지역을 분할하고 있었습니다. 이들 경제계 사이에는 상당히 광대한 경계 지역이 가로놓여 있었고, 몇몇 예외적인 경우를 빼고는 그 경계를 넘나드는 상거래로 이익을 볼 만한 건더기가 거의 없었습니다. 표트르 대제가 통치할 때까지 러시아는 그처럼 자력으로 생존하는 독자적 경제계 중 하나였고, 광대한 오스만 제국도 18세기 말까지 그러한 경제계 중 하나였습니다. 반면, 카를 5세(1500~1558)와 펠리페 2세(1527~1598)의 제국은 영토는 드넓었지만, 제국이 탄생할 때부터 유럽을 기반으로 오래전에 형성된 활발한 경제권의 한 부분이었을 뿐 경제계는 아니었습니다. 왜냐하면 1492년 크리스토퍼 콜럼버스가 대서양을 횡단하기 전부터 유럽은 유럽 대륙에 더하여 지중해 지역과 극동을 향해 뻗은 원거리 무역까지 포괄하는 광대한 경제계를 이루고 있었기 때문입니다. 그리고 이 유럽 경제계를 움직이는 구심력은 베네치아의 영광이었습니다. 대항해시대를 맞아 유럽 경제계는 대서양과 그 연안 및 군도를 병합하고, 이어서 아메리카 대륙의 내륙도 처처히 병합해 들어갑니다. 동시에 그 무렵 여전히 독자적인 경제계를 이루고 있던 인도, 동남아시아 군도, 중국과도 교역을 확대합니다. 이 시기에 유럽의 무게 중심도 남에서 북을 향해 안트베르펜으로 이동하고, 다시 암스테르담으로 이동합니다. 주목할 것은 스페인 제국과 포르투갈 제국의 중심인 세비야나 리스본으로 이동하지 않았다는 점입니다.

따라서 세계의 역사 지도 위에 반투명 용지를 올려놓고, 각 시기에 존재했던 경제계를 개략적으로 표시해볼 수 있습니다. 이 경제계들은 아주 천천히 변화했기 때문에 이것들이 어떻게 움직였는지 살펴보고 어떠한 영향력을 발휘했는지 마음껏 연구할 수 있습니다. 이 경제계들의 형태가 서서히 변하는 과정에서 세계의 심오한 역사가 드러나게 됩니다. 나는 이 심층의 역사를 환기하는 것에서 그칠 것입니다. 왜냐하면 유럽의 팽창과 더불어 순차적으로 구축된 유럽의 경제계들이 자본주의적 과정과 그 팽창을 설명해주는지 못하는지, 설명해준다면 그 내용은 무엇인지를 보여주는 것만이 우리의 문제이기 때문입니다. 이들 전형적인 경제계가 유럽 자본주의를 낳고, 나중에 세계 자본주의를 낳는 모태였다는 점을 먼저 말씀드리고자 합니다. 어쨌거나 이러한 내용이 내가 조심스럽게 천천히 설명해가고자 하는 방향입니다.

2. 자본주의는 세계의 불평등을 만들어낸다

심층의 역사. 우리는 심층의 역사를 발견하지 못합니다. 단지 우리의 생각으로 비추어볼 수 있을 뿐입니다. 뤼시앵 페브르는 "심층의 역사에 우리가 그 존엄성을 부여할 뿐"이라고 말했을 것입니다. 이것만으로도 아주 커다란 과제입니다. 여러분들이 이 점에 대해 납득할 수 있도록, 경제계의 중심이 변하는 과정—중심의 해체와 이동—과 각 경제계가 동심원 모양의 여러 경제권으로 나뉘는 현상을 쭉 이어서 설명하고자 합니다.

경제계는 하나의 핵, 즉 무게 중심 없이는 존재할 수 없는 것인 양 기존의 중심이 해체될 때마다 새로운 중심이 생깁니다. 하지만 이러한 중심의 해체와 재형성은 매우 드물게 일어나는 일이어서, 그만큼 더 중요합니다. 유럽과 유럽에 병합된 지역의 경우, 1380년경 중심이 새로 형성되면서 베네치아가 그 혜택을 누리게 됩니다.

1500년경에는 베네치아에서 안트베르펜으로 급격하고 대대적인 중심 이동이 일어납니다. 그다음 1550~1560년경에 다시 지중해로 중심이 이동하는데, 이때는 제노바가 중심의 혜택을 누립니다. 그리고 1590~1610년경 다시 암스테르담으로 중심이 이동하여, 이곳에 근 두 세기 동안 유럽의 경제적 중심이 탄탄히 자리 잡습니다. 그러다가 1780~1815년에 런던으로 중심이 이동하고, 1929년에는 이 중심이 대서양을 건너 미국의 뉴욕에 자리를 잡습니다.

그러니까 유럽에서 숙명의 시계는 다섯 번에 걸쳐 종을 울렸던 셈입니다. 그때마다 싸움과 충돌이 일어나고 심각한 경제적 위기가 발생하면서 중심이 이동했습니다. 대개 중심이 이동하기 전에 벌써 예전의 중심은 위협을 받게 되고, 몰아닥치는 경제적 악조건이 옛 중심을 무너뜨리고 새 중심의 출현을 확정하게 됩니다. 당연히 이러한 변화가 수학적 규칙성에 따라 일어나는 것은 아닙니다. 경제 위기가 오래 지속되는 현상은 일종의 시험인 셈입니다. 강력한 중심은 위기를 통과하고, 위약한 중심은 위기에 굴복합니다. 즉 위기가 찾아올 때마다 중심이 붕괴하지는 않습니다. 반대로 전화위복이 되는 경우도 있어서, 17세기에 일어난 경제 위기는 암스테르담에게 유리하게 전개될 때가 많았습니다. 오늘날 세계적 위기가 몇 해 전부터 심각한 증상을 보이며 오래 지속되고 있으니 지금의 우리도 위기를 겪는 중입니다. 뉴욕이 이 시험에 굴복하게 될까요? 전혀 그럴 것 같지 않지만, 만약 그런 일이 생긴다면 세계는 새로운 중심을 찾거나 만들어내야 할 것입니다. 사람들이 예상하듯 미국이 위기에 잘 저항한다면, 시험을 통과하고 난 미국의 힘은 더욱 강해질 것입니다. 왜냐하면 지금 우리가 겪는 악조건으로 말미암은 피해는 다른 경제들이 미국보다 훨씬 클 것이기 때문입니다.

어쨌든 중심이 형성되고, 해체되고, 다시 형성되는 과정은 대개 경제 일반의 위기가 장기화되는 사태와 관련된 것으로 보입니다. 따라서 어려운 작업이겠지만, 이처럼 세계의 역사가 뒤집어지는 전체 메커니즘을 연구하려면 그러한 경제 위기를 들여다보는 것이 옳을 것입니다. 이 문제를 장황하게 논의하지 않아도 사례 하나를 자세히 살펴보면 이해에 도움이 될 것입니다. 16세기로 접어들면서 경제계의 중심이 지중해에서 이탈하게 됩니다. 이 시기 여러 가지 우여곡절과 정치적 사건들도 있었지만, 안트베르펜으로 옮겨가던 중심이 아직 지기 자리를 확고하게 잡지 못했기 때문에 지중해 전체가 16세기 후반에 반격에 나섭니다. 그 무렵까지 아메리카에서 대량으로 채굴된 은銀이 유럽으로 들어올 때는 대서양을 건넌 다음 스페인을 거쳐서 플랑드르(지금의 벨기에와 네덜란드 부근)로 유입되는 길이 우선적 경로였지만, 1568년부터는 지중해 경로로 들어오게 됩니다. 이와 더불어 제노바가 은을 재분배하는 중심지가 됩니다. 이로 말미암아 지중해는 지브롤터 해협에서 동쪽의 레반트 해역에 이르기까지 일종의 경제 르네상스를 맞게 됩니다. 하지만 '제노바의 세기'라고도 일컬었던 이 시기는 오래가지 못합니다. 피아첸차는 50년 가까이 유럽 상거래의 중앙 청산소였지만, 상황이 나빠지면서 1621년부터는 주도적 역할을 상실하게 됩니다. 대항해시대가 시작된 만큼 당연한 귀결이겠지만 지중해는 다시 부차적 공간으로 격하된 채 오랜 세월을 보내게 됩니다.

지중해는 이처럼 콜럼버스가 신대륙을 발견하고 한 세기가 지나 쇠퇴하게 되는데, 그러기까지 실로 엄청난 시간이 흘렀다고 할 수 있습니다. 오래전에 내가 지중해 지역에 대해 쓴 두툼한 책에서 그렇게 된 사연을 중요한 문제로 다룹니다. 지중해가 쇠퇴한 시점을 언제로 잡아야 할까요? 1610년, 1620년, 1650년? 무엇보다 어떤 과정으로 말미암아 쇠퇴하게 되었을까요? 이 두 번째 질문이 더욱 중요한데 1975년 리처드 랩Richard T. Rapp이 《경제사학보The Journal of Economic History》에 기고한 논문에 명석하고 내가 보기에 정확한 답이 제시되었습니다. 이 논문은 그동안 참고한 논문 중에서 가장 세련된 글이라고 할 만합니다. 그의 논문에서 증명된 것은, 지중해 세계가 1570년부터 북유럽의 범선들과 상인들에게 시달리고 방해받고 약탈당했다는 것입니다. 또 북유럽 상인들은 인도 회사를 차린다든가 먼 바다에서 모험을 해서 장사 밑천을 마련한 것이 아니라는 사실도 밝혀졌습니다. 그들은 지중해 지역에 이미 있는 부를 일거에 덮쳐서 좋은 것이든 나쁜 것이든 닥치는 대로 장악했습니다. 즉 값싼 상품을 대량으로 들이밀면서 지중해 지역에 밀려들었습니다. 질이 떨어지는 제품이 많았지만 남유럽의 질

좋은 직물을 고의로 모방하고 두루 평판이 좋은 베네치아 '상표'를 붙여서 베네치아의 일상적인 시장에 내다팔았습니다. 그로 말미암아 지중해 지역의 산업은 고객도 잃고 평판도 잃었습니다. 가령 신생 국가들이 미국산으로 위장한 자기 상품을 미국의 수출 시장이나 심지어 내수 시장에 팔면서 20~40년의 긴 세월 동안 지속적으로 재미를 볼 수 있다면 무슨 일이 벌어지게 될지 상상해보십시오.

간단히 말해, 북유럽 사람들의 승리는 우월한 사업 개념이라든가 자연스러운 산업 경쟁과는 거리가 멀었습니다(물론 그들의 임금이 낮아서 유리했던 점은 있었습니다). 북유럽에서 종교개혁이 일어났다는 것과는 더욱 관련이 없었습니다. 그들의 정책은 단지 이전의 승자들이 차지하고 있던 자리를 빼앗는 것이었습니다. 폭력이 개입되었던 것도 물론입니다. 이러한 게임의 규칙이 여전히 작동하고 있다는 것을 굳이 시적할 필요가 있을까요? 제1차 세계대전이 벌어지는 동안 레닌은 이 폭력적인 세계 분할을 규탄했습니다. 하지만 이런 식의 폭력이나 세계 분할은 그가 생각했던 것만큼 새로운 것은 아닙니다. 오늘날의 세계가 처한 현실도 여전히 그렇지 않습니까? 중심에 있는 사람들이나 중심 가까이 있는 사람들은 언제나 다른 사람들에게 모든 권한을 행사합니다.

바로 이 대목에서 앞서 언급한 두 번째 문제를 생각하게 됩니다. 모든 경제계는 동심원 구조의 여러 경제권으로 분할되고, 승리를 구가하는 중심에서 멀어질수록 특권과 혜택이 점점 줄어든다는 것입니다.

화려한 번영과 부와 행복한 삶은 경제계의 중심, 즉 그 핵에 집중됩니다. 역사의 태양이 가장 화려한 광채를 발하는 곳이 거기고, 물가와 임금도 높고 호화로운 일류 상품에다 은행과 고수익 산업과 자본주의적 농업이 출현하는 곳도 그곳입니다. 원거리 무역의 기점이자 종점이고, 귀금속과 경화硬貨, 신용 증서가 밀려듭니다. 근대적 경제 활동이 앞서 등장하는 곳도 그곳입니다. 15세기 베네치아나 17세기 암스테르담, 그리고 18세기 런던과 오늘날의 뉴욕을 둘러본 여행자들은 이러한 움직임을 목격합니다. 대개 첨단 기술도 그곳에 나타나고, 그에 동반해 기초 과학도 발달합니다. 그곳에는 '자유'가 싹틉니다. 이 자유가 완전히 현실인 것도 아니지만, 전적으로 허상인 것도 아닙니다. 세상 사람들이 베네치아의 자유라든가, 네덜란드의 자유, 그리고 영국의 자유라고 일컬었던 것이 무엇일지 생각해볼 만합니다.

이렇듯 중심에서는 생활수준이 높지만, 중간 수준의 나라들―즉 중심 가까이 위치하며 중심을 모방하기도 하고 경쟁하기도 하는―지역(중간부)으로 가면 생활수준이 아래로 한 단계 떨어집니다. 이러한 지역에는 자유농민도 별로 없고, 자유를 누리는 사람도 별로 없습니다. 시장의 교환은 불완전합니다. 또 은행 및 금융기관들의 짜임새도 불완전하며 주로 지역 바깥 외부인들의 지휘를 받습니다. 산업도 상대적으로 전통적인 상태에 머물러 있습니다. 18세기의 프랑스가 아름다워 보이기는 해도 생활수준은 영국과 비할 바가 못 되었습니다. 영국의 평범한 아저씨를 보면, 영양 과잉에 고기를 먹고 살았고 구두를 신었습니다. 반면 프랑스의 평범한 아저씨를 보면, 허약하고 야윈 데다 나이보다 더 늙어 보이는 모습에 빵을 먹고 나무로 만든 신을 신고 다녔습니다.

하지만 주변부 지역으로 가보면 프랑스도 얼마나 멀리 떨어진 곳이겠습니까! 1650년을 예로 들어보면, 그 무렵 세계의 중심은 자그마한 네덜란드(좀 더 정확하게는 암스테르담)였습니다. 중간부 즉 이차적 지역은 매우 활발하던 유럽의 나머지 지역이었습니다. 그러니까 발트 국가, 북해 주변 국가, 잉글랜드, 독일의 라인과 엘베 지역, 프랑스, 포르투갈, 스페인, 로마 이북의 이탈리아가 그에 해당합니다. 그리고 그 외곽에 위치하는 주변부 지역으로는 북쪽으로 스코틀랜드, 아일랜드, 스칸디나비아 반도가 있었고, 함부르크와 베네치아를 남북으로 잇는 선의 동쪽 너머에 있는 동부 유럽 전체와 로마 이남의 이탈리아(나폴리와 시칠리아)가 있었습니다. 여기에 더하여 대서양 너머 유럽화된 아메리카 신대륙도 전형적인 주변부였습니다. 식민 시대 초기의 아메리카에서 캐나다와 영국의 식민지를 제외하면, 이 신대륙의 나머지 지역은 전부 노예제의 지배하에 있었습니다. 이와 마찬가지로 중부 유럽 변두리의 폴란드나 그 너머의 동유럽은, 서구에서 거의 사라졌던 농노제가 16세기에 다시 구축된 재판 농노제 second serfdom 지역이었습니다.

요컨대, 1650년의 유럽 경제계를 보면 여러 성격의 사회가 병존하고 있었습니다. 그러니까 이미 자본주의 사회로 진화했던 네덜란드에서부터 맨 밑바닥으로 가면 농노제 혹은 노예제 사회에 이르기까지 이질적인 사회들이 공존하고 있었던 것입니다. 이러한 공시성은 우리가 고려하는 모든 문제를 다시 생각하게 합니다. 사실 자본주의는 이러한 규칙적인 위계 형성에서 활력을 얻습니다. 외곽의 주변부가 중간 지대를 먹여 살리고, 무엇보다 중심부를 먹여 살립니다. 상황이 이럴진대 그 같은 중심을 두고 전체 구조물을 지배하는 꼭대기, 즉 자본주의적 상부구조라고 하지 않는다면, 도대체 뭐라고 해야 하는 것일까요? 관점은 양방향으로 존재하기 때문에, 중심이 주변부에 물자 공급을 의존한다면, 주변부도 자신을 지배하는 중심의 필요에 의존합니다. 어쨌거나 서유럽은 신대륙에 고대의 노예제를 이전했고(거의 다시 발명했고), 자신의 경제적 필요 때문에 동유럽에서 재판 농노제 성립을 유도했습니다. 이로부터 다음과 같은 임마누엘 월러스틴의 주장에 무게가 실립니다. 자본주의는 세계의 불평등을 만들어낸다는 것입니다. 또한 자본주의가 발전하려면 국제 경제 차원의 공모가 필요하다고 이마누엘은 주장합니다. 자본주의는 매우 드넓은 공간을 권위주의적으로 조직하는 과정에서 태어났습니다. 만약 제한된 경제 공간에 갇혀 있었다면 자본주의가 그렇게 드세게 성장하지 못했을 것입니다. 또한 다른 지역의 종속적 노동을 이용할 수 없었다면, 자본주의는 전혀 성장하지 못했을 것입니다.

이 이론은 노예제 다음에 농노제가 오고, 그다음에 자본주의가 왔다는 눈에 익은 순차적 모델과는 다른 설명입니다. 즉 이러한 이질적 사회들이 동시에 공존한다는 특이한 시각인 만큼 중요하지 않을 수 없습니다. 하지만 이 이론이 모든 것을 설명하지도 않을뿐더러 설명할 수도 없습니다. 내가 보기에 근대 자본주의의 근원을 따져보기 위해 꼭 필요한 한 가지 문제만 보더라도 그렇습니다. 즉 유럽 경제계의 경계 밖에서는 어떤 일이 일어났는가 하는 점입니다.

사실, 18세기 말 명실상부한 세계적 경제가 출현하기 전에 아시아에는 나름대로 견고하게 조직되고 잘 돌아가는 경제계들이 있었습니다. 중국, 일본, 인도와 동남아 권역, 그리고 이슬람 지역을 말하는 것입니다. 이들 아시아 지역과 유럽이 어떠한 경제 관계에 있었느냐를 놓고 대개 이렇게들 말하는 것이 관례이고, 정확한 견해로 인정되고 있습니다. 즉 두 지역의 경제 관계는 피상적 수준에 그쳤고, 교역도 몇몇 사치품(후추, 향신료, 비단)과 귀금속 주화를 교환하는 데 불과했으며, 두 지역 사이의 교역 물량을 다 합쳐봐야 전체 경제 규모에 비추어볼 때 별로 중요하지 않았다는 것입니다. 분명 옳은 이야기일 것입니다. 하지만 이들 소수에 불과하고 피상적이었다고 일컬어지는 교역은 유럽에서나 아시아에서나 거대 자본이 장악하고 있던 사업입니다. 이 사실 또한 우연이 아니며 우연일 수도 없습니다. 여러 가지 이야기를 듣다 보면, 심지어 경제계 바깥의 무엇이 모든 경제계를 조작한다는 말인가 하는 생각도 하게 됩니다. 유럽의 위대한 역사는 줄기차게 이런 식의 이야기를 하고 있고, 다음과 같은 사건들을 높이 평가하고 있지만 아무도 이러한 시각이 잘못되었다고 생각하지 않습니다. 즉 1498년 바스쿠 다 가마가 콜카타에 도착했던 일이라든가, 1595년 네덜란드인 코르넬리위스 하우트만Cornelius Houtman이 동남아시아 자바 섬의 대도시 반탐에 기항했던 일이라든가, 1757년 플라시 전투에서 로버트 클라이브Robert Clive가 승리를 거둔 덕분에 영국이 인도의 벵골을 차지하게 되었던 사건 같은 것들 말입니다. 이런 식으로 한 발짝에 칠십 리를 가는 마법의 신발이라도 신은 양, 유럽의 위대한 역사는 한 번에 아주 멀리씩 달립니다.

3. 국민 경제는 국가가
물질생활을 반영해 만들어낸 응집된 경제 공간이다

앞에서 유럽의 경제계가 순차적으로 출현하는 과정을 설명하면서 경제계를 만들어내고 활력을 불어넣는 지배적 중심에 대해 이야기했습니다. 여기서 주목해야 할 것은 1750년경까지는 그러한 지배적 중심이 늘 도시, 즉 도시 국가였다는 점입니다. 18세기 중반에 경제 활동을 지배하고 있던 암스테르담은 그러한 도시 국가의 마지막 주자였고, 역사상 마지막 폴리스였다고 할 수 있습니다. 암스테르담 뒤에 버티고 있던 네덜란드지역연합은 그림자 정부에 불과했습니다. 암스테르담은 홀로 군림했고, 세계의 등대와도 같아서 카리브 해부터 일본의 해변에 이르기까지 세계 어느 곳에서도 암스테르담의 밝은 불빛이 보였습니다. 하지만 계몽의 세기인 18세기 중반부터는 다른 시대가 시작됩니다. 이 무렵 새로운 지배자로 부상한 런던은 도시 국가가 아니었습니다. 런던은 국민 시장marché national이라는 불가항력의 힘을 가져다준 섬나라 영국의 수도였습니다.

그러니까 두 가지 국면의 전개가 있었습니다. 도시가 출현하여 지배자로 부상하는 국면이 있었고, '국민 국가'가 출현하여 지배자로 부상하는 국면이 있었습니다. 이에 대해서는 극히 간략하게만 살펴볼 것입니다. 여러분들이 잘 알고 있는 문제이기도 하려니와 내가 이미 거론했던 문제이기도 하지만, 무엇보다 이러한 문제들은 전체로 묶어서 볼 때에만 의미가 있다고 보기 때문입니다. 즉 자본주의라는 문제를 제대로 설정해서 새로운 시각에서 비추어보려면 전체의 관점에서 보아야 합니다.

1750년경까지 유럽에서는 핵심 도시가 차례로 등장하며 이 도시들이 유럽을 움직이는 중심 역할을 합니다. 이 같은 도시들은 그들의 역할로 말미암아 대단한 명성을 떨치게 됩니다. 베네치아, 안트베르펜, 제노바, 암스테르담이 그러한 곳들이었습니다. 하지만 13세기에는 이 도시들 가운데 어느 곳도 경제생활을 지배하지는 못했습니다. 유럽이 짜임새 있게 잘 조직된 경제계를 형성하지 못했기 때문은 아닙니다. 그 배경을 살펴보면 이렇습니다. 지중해 지역은 한때 이슬람 세계의 지배하에 놓였다가 다시 서구의 기독교 세계로 들어오게 되는데, 이와 더불어 지중해 동쪽 레반트 지역의 상거래가 다시 서구로 통하게 됩니다. 이 통로를 통해서 이루어지던 값나가는 품목들의 원거리 무역이 없이는 명실상부한 경제계가 존재할 수 없었던 것입니다. 선도적인 지역 두 곳이 선명하게 부상하는데, 하나는 남쪽의 이탈리아였고, 다른 하나는 북쪽의 네덜란드였습니다. 경제계 전체의 무게 중심은 이 두 지역의 중간 지점에 자리 잡게 됩니다. 바로 샹파뉴 정기시와 브리 정기시가 그것입니다. 이 시장들은 기존의 도시에 인위적으로 덧붙여 만든 도시에서 치러졌습니다. 하나는 거의 대도시급인 트루아 주변에 덧붙여졌고, 나머지는 소도시급의 프로뱅스, 바르쉬로브, 라니 세 곳에 덧붙여졌습니다.

이 무게 중심이 아무것도 없는 진공 상태에서 새로 생겼다고 한다면 지나친 과장일 것입니다. 왜냐하면 그 무렵 프랑스는 국왕 루이 9세(1214~1270)의 태평성대가 하늘을 찌르고 소르본 대학교가 뿜어내는 지성의 광채도 찬란하던 시절이었던 만큼 파리는 대단한 상거래 중심지였는데, 이 정기시들이 자리 잡았던 위치가 파리에서 그다지 멀지 않았기 때문입니다. 인문주의 역사가 주세페 토파닌Giuseppe Toffanin은 특징적인 제목의 저서 『로마 없는 한 세기Il Secolo senza Roma』에서 이 점을 놓치지 않았습니다. '로마 없는 세기'라는 표현은 13세기를 말하는데, 이 시기에 로마는 문화를 주도하는 지배력을 상실하고 파리가 그 자리를 차지하게 됩니다. 하지만 이 시기 파리의 광영은 소란스럽고 북적거리는 샹파뉴의 정기시와 모종의 관계가 있었습니다. 샹파뉴 정기시는 거의 쉬지 않고 돌아가는 국제적 회합 장소였습니다. 이 시장에서 북유럽과 넓은 의미의 네덜란드(프랑스 마른에서 네덜란드 북쪽의 조이데르 해로 이어지는 강변에서 양모, 삼, 아마를 작업하는 가내 작업장들이 드넓게 퍼져 있던 곳)에서 만든 고급 직물과 면직물이 이탈리아 상인이 가져온 후추와 향신료, 혹은 이탈리아 대부업자의 돈과 교환되었습니다. 이러한 거래는 사치 품목에 국한된 것이기는 했지만, 상거래와 산업, 운송, 신용을 포괄하는 거대한 경제 메커니즘을 움직이기에 충분했고, 이 정기시들을 그 시기 유럽의 경제 중심지로 올려놓기에 충분했습니다.

샹파뉴 정기시는 13세기 말에 여러 가지 이유로 쇠퇴하게 됩니다. 우선 지중해와 브뤼주(지금의 벨기에 소재)를 잇는 해상 운송 경로가 1297년에 실현되어, 해로가 육로를 압도하게 됐습니다. 그리고 알프스 지역의 심플론과 생고타르를 경유하여 독일 도시들을 남북으로 잇는 도로가 향상되었습니다. 마지막으로, 이탈리아 도시들의 산업화를 들 수 있습니다. 이탈리아 사람들은 색을 먹이지 않은 북유럽의 고급 직물을 들여와 염색을 해서 활용했지만, 그 즈음부터 직접 만들었던 것입니다. 더불어 피렌체의 모직·의류 상인 길드인 '아르테 델라 라나'가 번영을 누리게 됩니다. 하지만 무엇보다도 14세기에 불어닥친 심각한 경제 위기가—비극적인 흑사병의 가세와 더불어—통상적인 자기 역할을 수행하게 됩니다. 샹파뉴의 가장 강력한 거래 파트너였던 이탈리아는 이 시험을 성공적으로 통과합니다. 이탈리아는 이로써 아무도 부인할 수 없는 유럽 경제생활의 중심지로 부상하는데, 중심지 역할을 다시 되찾은 셈이기도 합니다. 이탈리아가 유럽의 북부와 남부 사이 교역을 모두 통제하게 되고, 더욱이 극동의 상품들도 페르시아 만, 홍해, 레반트 지역의 카라반(사막 지역의 대상隊商)을 거쳐 이탈리아로 들어오게 되니 유럽의 모든 시장이 자동적으로 이탈리아로 향하게 됩니다.

하지만 이탈리아가 누리던 우위는 강력한 도시 네 곳(베네치아, 밀라노, 피렌체, 제노바) 사이에 나뉜 채 오랜 시간이 흐르게 됩니다. 1381년 제노바가 패배한 뒤에야 베네치아의 오랜 지배가 시작됩니다. 늘 태평성대는 아니었지만 베네치아는 한 세기 넘도록 지배를 이어가며 레반트 지역의 상거래 중심지를 장악해, 극동의 상품을 찾아 몰려드는 온 유럽을 상대로 물자를 재분배해주는 역할을 맡게 됩니다. 16세기에 들어서자 안트베르펜이 성 마르코의 도시, 베네치아를 밀어내고 그 역할을 차지하게 됩니다. 왜냐하면 안트베르펜이, 포르투갈이 대서양을 경유해 대량으로 수입하는 후추의 집산지가 되었기 때문입니다. 덩달아 에스코(지금의 벨기에 소재) 항구가 대서양과 북유럽 교역을 지배하는 거대한 중심지가 됩니다. 그러고 나서, 스페인이 네덜란드에서 벌인 전쟁에다 이 자리에서 설명하기에는 너무 복잡한 정치적 이유로 말미암아 지배적 도시의 역할이 다시 제노바로 넘어갑니다. 성 조르주의 도시, 제노바는 레반트 지역과 거래해서 재산을 축적한 게 아니라, 신대륙과 세비야와 거래해서 돈을 벌었고, 아메리카에서 채굴한 은이 엄청나게 유입되면서 재산을 축적하게 됩니다. 덩달아 은을 재분배하는 유럽의 중심지가 됩니다. 마침내 암스테르담이 이 모든 각축전을 끝내고, 150년이 넘도록 발트 지역부터 레반트와 인도네시아의 몰루카 제도까지 지배력을 행사합니다. 이러한 힘은 북유럽 상품들을 완전히 장악한 것에 더하여, 꽤 빠른 속도로 극동 지역의 계피와 정향丁香 등 '고급 향신료' 공급원을 모조리 장악한 데 있습니다. 이 같은 준독점 덕분에 거의 모든 곳에서 원하는 대로 일을 펼칠 수 있게 됩니다.

이들 도시 제국에 대한 문제는 이쯤에서 접어두고, 국민 시장과 국민 경제라는 커다란 문제로 넘어가도록 합시다.

국민 경제économie nationale는 물질생활의 필요와 혁신을 반영하여 국가가 정치적으로 만들어낸 통일되고 응집된 경제 공간입니다. 그래서 그 공간의 활동이 한꺼번에 동일한 방향으로 움직일 수 있게 됩니다. 영국만이 일찌감치 이 위업을 달성하게 됩니다. 영국을 다루면서 사람들은 여러 가지 혁명을 이야기합니다. 농업혁명도 있었고, 정치적 혁명, 금융혁명, 산업혁명이 일어났다고 말합니다. 이 목록에 추가할 것이 하나 더 있습니다. 어떤 이름으로 부르든 간에 국민 시장marché national을 만들어낸 혁명이 그것입니다. 좀바르트를 비판하는 대목에서 독일 역사가 오토 힌체Otto Hintze는 일찍이 이러한 변화의 중요성을 강조했습니다. 즉 꽤 비좁은 영토에 운송 수단을 비교적 넉넉하게 갖추면서 이러한 변화가 전개됩니다. 강과 운하, 마차를 비롯한 수많은 가축 운송 수단이 촘촘하게 갖추어지는 것에 더하여 연안의 해상 운송도 가세합니다. 영국의 각 지방은 런던을 중계지로 삼아서 그들끼리 상품을 교환하기도 하고 수출하기도 했습니다. 특히 영국 영토 내 관세와 통행세가 일찌감치 철폐된 것이 이러한 흐름을 촉진했습니다. 게다가 잉글랜드가 1707년 스코틀랜드와 통합하고, 1801년 아일랜드와 통합하게 되면서 국민 시장을 형성할 조건이 무르익게 됩니다.

영국에 앞서 이미 네덜란드지역연합이 이러한 위업을 달성했다고 생각할 수 있을 것입니다. 하지만 이들의 영토는 자국 주민들을 먹여 살리기에도 부족할 만큼 비좁았습니다. 그러니 네덜란드 자본가들의 계산에서, 막 독립한 네덜란드의 내수 시장은 별로 중요하지 않았고, 그들의 관심은 전적으로 해외 시장으로 향하고 있었습니다. 한편, 프랑스를 보면 앞길을 가로막는 장애물이 너무 많았습니다. 나라의 규모는 다른 곳보다 컸지만, 경제는 후진적이었고, 일인당 소득 수준은 극히 낮았습니다. 국내 각 지역이 서로 교류하기가 어려웠고, 나라 경제의 중심이 뚜렷이 잡히지가 않았습니다. 즉 그 무렵 운송 수단에 비추어볼 때 영토가 너무 넓었고, 지역별 차이는 큰 반면 체계적으로 조직되어 있지 못했던 것이지요. 미국의 에드워드 폭스 교수는 많은 논란을 일으킨 저서에서 적어도 두 개의 프랑스가 있었다는 사실을 그다지 어렵지 않게 증명했습니다. 하나는 해양의 프랑스인데, 역동적이고 유연하며 18세기의 활발한 경제 성장과 깊숙이 연결되어 있는 프랑스였습니다. 하지만 국내 내륙 지방과는 거의 연결되지 못한 채 바깥 세계에 시선을 두고 있었습니다. 다른 하나는 대륙의 프랑스인데, 토지와 관련이 많고 보수적이며 가까운 국지적인 상황에 시야가 갇힌 채 국제 자본주의의 경제적 장점에 대해서는 모르기도 했거니와 별로 안중에 두지 않았던 프랑스였습니다. 정치권력을 지속적으로 장악했던 것은 이 두 번째 프랑스였습니다. 더욱이 정치적 수도였던 파리가 경제적 수도였던 것도 아니었습니다. 경제적 수도 역할은 1461년 리옹에 정기시가 열리면서부터 오랫동안 이 도시가 맡아왔습니다. 경제적 기능이 파리로 넘어갈 기미가 16세기 말에 나타나기는 했지만, 더 진행되지 못했습니다. 1709년 사뮈엘 베르나르Samuel Bernard(국왕 루이 14세와 15세에게 큰돈을 빌려주었던 프랑스의 은행가)가 파산한 뒤에야 파리가 프랑스 시장의 경제적 중심이 되지만, 그것도 1724년 파리에 증권거래소가 정비된 뒤부터 자기 역할을 수행하기 시작합니다. 하지만 그때는 너무 늦은 시점이었습니다. 루이 16세 때 파리가 조직하는 동력이 탄력을 받기는 했지만 프랑스 영토 전체의 활력과 통제력을 장악할 만한 상태에는 이르지 못합니다.

영국은 이보다 훨씬 간편한 길을 밟게 됩니다. 영국의 중심은 런던 하나뿐이었고, 런던은 15세기 이래 빠른 속도로 정치와 경제 양면의 중심지로 부상합니다. 런던은 동시에 영국 시장을 자신의—다시 말해 자생적인 대형 상인들의—필요에 맞게 조직해갑니다.

더욱이 영국은 섬나라라는 특징 덕분에 독립성을 유지하면서 외국 자본주의의 간섭을 배제할 수 있었습니다. 1558년 토머스 그레셤Thomas Gresham이 왕립 증권거래소를 설립하면서 안트베르펜의 영향력을 막았고, 1597년에는 독일계 한자동맹 상인들의 런던 근거지였던 스틸야드를 폐쇄하고 그 고객들의 특권을 철폐했습니다. 또 1651년 제1차 항해조례를 실행하여 암스테르담의 영향력을 막았습니다. 이때는 암스테르담이 유럽 상거래의 핵심을 장악하고 있었지만, 영국은 암스테르담을 압박할 수단이 하나 있었습니다. 네덜란드 범선들은 바다의 풍향 때문에 지속적으로 영국의 항구에 기항할 수밖에 없었는데, 네덜란드가 다른 나라들의 보호주의 조치는 인정하지 않았음에도 영국의 조치를 수용했던 이유는 아마도 이 때문일 것입니다. 어쨌든 영국은 유럽의 어떤 나라보다도 자국 시장과 신생 산업을 보호할 수 있었습니다. 프랑스에 대한 영국의 승리는 매우 느리기는 했지만 일찌감치 (내 생각에는 1713년 위트레흐트 조약 때부터) 시작되었고, 1786년 에덴 조약에서 크게 앞선 데 이어, 1815년 승리를 확정하게 됩니다.

런던의 우위가 굳어짐에 따라 유럽은 물론, 세계의 경제사가 한 획을 긋게 됩니다. 왜냐하면 영국이 경제적 우위를 확립하고 그에 동반해 정치적 주도권을 확보한 것은 수백 년을 이어온 한 시대가 막을 내린 것을 의미하기 때문입니다. 우선, 도시를 중심에 두고 운영되던 경제가 막을 내리게 됩니다. 그뿐 아니라, 유럽의 약진과 탐욕에도 불구하고 유럽 중심의 경제계는 바깥 세계를 자신의 힘만으로 장악하지는 못했는데, 바로 그와 같은 과거의 경제계가 막을 내리게 됩니다. 영국이 암스테르담을 제치고 거둔 승리는 과거와 같은 성공을 한 번 더 성취한 것일 뿐 아니라, 기존의 성공을 뛰어넘은 것이었습니다.

이러한 세계 정복은 여러 가지 사건과 비극으로 쇄설될 때가 많아서 어려운 일이었지만, 영국은 우위를 계속 유지하면서 장애물을 극복했습니다. 그래서 처음으로 유럽 경제계[11]가 다른 경제계를 무너뜨리고 세계경제를 지배하겠다고 나서게 됩니다. 이윽고 전 지구에 걸쳐 유럽 경제계가 곧 세계경제와 동일해지는 과정에서 모든 장애물들이 우선은 영국인들의 발아래 쓰러지고, 그다음 유럽인들의 발아래 쓰러지게 됩니다. 1914년까지의 세계는 이러했습니다. 1875년에 태어난 앙드레 지그프리트라는 사람은 20세기에 들어설 때 25세를 맞게 됩니다. 그 후 오랜 세월이 지나 국경선으로 곳곳이 가로막힌 세계에서 아주 즐겁게 옛 기억을 떠올렸다고 합니다. 당시 신분증이라고는 달랑 명함판 사진 하나만 들고 세계 일주를 했다는 이야기입니다! 팍스브리태니카pax britannica의 기적이었던 셈입니다. 당연히 수많은 사람들이 그 대가를 지불했던 결과입니다.

4. 세계가 영국 산업혁명을 위한
    효율적 조건을 만들어주었다

　　　　　　　　　　　　　　이제 이야기해야 할 영국의 산업혁명
은 이 섬나라의 권세에 젊음과 새로운 활력을 가져다줍니다. 걱정
스럽겠지만, 이 엄청난 역사적 문제에 무작정 달려들지는 않을 것
입니다. 산업혁명과 관련된 역사적 문제는 사실 오늘날까지 이어
지며 우리가 딛고 있는 현실의 밑바탕을 이루고 있습니다. 우리는
언제나 산업에 둘러싸여 살고 있고, 산업은 항상 혁명적이며 위협
적인 힘을 발휘합니다. 하지만 안심해도 좋을 것이, 이 어마어마한
변화의 초기에 대해서만 말씀드릴 것입니다. 또한 앵글로색슨계
역사가들을 필두로 다른 지역 역사가들도 뛰어들었던 후끈한 논쟁
에는 발을 들여놓지 않으려고 주의할 것입니다. 더욱이 내가 다룰
문제는 좁은 영역에 국한됩니다. 우선, 영국의 산업화가 내가 제시
한 도식과 모델에 얼마나 들어맞는가 하는 문제를 살펴보고 싶습

니다. 그다음, 이미 극적인 변화가 다채롭게 전개됐던 자본주의의 전체사에 영국의 산업화가 얼마나 부합되는 것인지 살펴보고 싶습니다.

혁명이라는 낱말은 다른 데서도 그렇지만 여기서도 잘못 쓰이고 있음을 지적하고자 합니다. 어원을 따져보면, 혁명을 뜻하는 'revolution'은 바퀴나 천체가 회전하는 것을 말합니다. 즉 빠른 운동을 가리킵니다. 그래서 일단 이 움직임이 시작되면 상당히 빠르게 완료될 것임을 압니다. 그런데 산업혁명은 전형적으로 느린 움직임입니다. 그래서 처음에는 잘 알아차리기 어렵습니다. 애덤 스미스 본인도 산업혁명이 시작될 때의 여러 징후들 속에서 살았지만 그때는 미처 알아차리지 못했습니다.

산업혁명은 매우 느리게 진행됐고, 그만큼 어렵고 복잡한 과정이었습니다. 오늘날 우리 눈앞에도 적나라하게 드러난 사실입니다. 지금도 제3세계 나라들이 산업화를 추진하고 있지만, 아주 곤란한 난관에 부딪히며 수없이 실패를 겪고 있고 그 과정은 매우 더디기만 합니다. 언뜻 보아서는 그럴 이유가 없는 것 같은데 이상해 보이기도 합니다. 어떤 경우에는, 근대화하지 못한 농업이 문제가 되기도 하고, 숙련 노동이 부족하다거나 내수 시장의 수요가 충분하지 못하다는 것이 문제가 되기도 합니다. 또 어떤 때는 토착 자본가들이 국내 투자보다 더 확실하고 이익도 많이 남는 해외 투자를 선호하는 것이 문제가 되기도 합니다. 또 국가가 자원을 낭비하거나 부정직하다는 점이 문제가 되기도 합니다. 혹은 외국에서 기술을 들여왔지만 자기 나라에 적용하기가 어렵다거나, 기술을 수입하는 비용이 너무 비싸서 생산 원가에 부담을 주는 경우도 발생합니다. 또는 필요한 물자를 수입하려면 외화가 있어야 하는데, 외화 벌이가 될 만한 수출이 부족하기도 합니다. 또 이런저런 이유에서 국제 시장이 아주 적대적으로 나오기도 하는데, 이것 때문에 큰 좌절을 겪기도 합니다. 이처럼 산업혁명이 이리저리 막히는 사태가 지금도 벌어지고 있습니다. 하지만 산업혁명은 새로 발명해야 할 미지의 세계가 아니라 역사상 경험했던 일이어서 그 길로 가는 모델은 누구나 다 알고 있습니다. 선험적으로 보면 모든 게 용이해야 합니다. 그런데 하나도 쉽게 되는 게 없습니다.

사실 이처럼 산업화의 난관에 부딪힌 나라들을 보면 영국의 경험에 앞서 일어났던 일들을 상기하게 됩니다. 그러니까 기술 측면만 보면 잠재적으로 가능했던 예전의 혁명들이 수없이 실패했으니 말입니다. 프톨레마이오스 왕조 시절의 이집트는 증기의 힘을 알고 있었지만, 흥밋거리로만 사용했습니다. 로마 제국은 엄청난 기술과 기능을 축적했지만, 그중 다수가 중세 전기의 수백 년 동안 아무런 주목도 받지 못하고 사라졌다가 12~13세기에 이르러서야 다시 활용됩니다. 이 부흥의 세기에 유럽은 에너지원을 획기적으로 확장합니다. 로마인들이 알고 있던 물레방아에 더하여 풍차를 많이 건설해서 이룩한 성과입니다. 이것만으로도 이미 산업혁명인 셈입니다. 중국은 14세기에 코크스 연소를 통한 용융제련鎔融製鍊 기술을 발견한 것으로 보이지만, 이 잠재적 혁명은 더 이어지지 못하고 중단됩니다. 16세기에는 광산의 깊은 갱도에서 물을 빨아내고 건조시키는 일관 시스템이 설치되지만, 이 초보적인 근대적 기술과 원초적 공장은 투자 자본을 잠식한 뒤 빠른 속도로 수확체감의 법칙에 굴복합니다. 17세기 영국에서는 석탄 활용이 늘어나는데, 이것은 존 네프John U. Nef가 정확하게 지적한 대로 분명히 영국 최초의 산업혁명이었습니다. 하지만 더 큰 확산과 변화를 유도하지 못한 실패한 혁명이었습니다. 프랑스를 보자면, 18세기에 산업 발전의 징후가 뚜렷하게 드러나고 기술적 발명도 뒤따랐으며, 기초 과학도 영국 못지않게 찬란했습니다. 하지만 최종적으로 결정적인 발걸음을 내딛은 곳은 영국이었습니다. 영국에서는 모든 것이 저절로 일어나는 것인 양 자연스럽게 진행되었습니다. 근대의 역사에서 가장 커다란 단절인 세계 최초의 산업혁명을 바라볼 때, 가장 신기한 문제가 바로 이것입니다. 그런데 왜 영국이었던 것일까요?

이 문제는 영국 역사가들이 매우 세세하게 연구해놓은 터라 다른 나라 역사가들도 저마다 연구하는 주제에 따라서 각각의 논쟁에 쉽게 빠져듭니다. 하지만 이렇게 내용이 보태져도 좀처럼 단순명료한 설명은 나오지 않습니다. 분명한 것 하나는 간편하고 전통적인 설명들은 기각되었다는 점입니다. 산업혁명을 하나의 총체적 현상 그리고 천천히 진행되었던 현상으로 파악하는 경향이 점차 강해지고 있습니다. 이와 더불어 산업혁명의 직접적인 요인 외에도 멀리 떨어져 있는 심층의 원인들도 같이 고려하는 것이 연구의 추세입니다.

방금 말씀 드렸듯이 오늘날 저개발 국가들이 겪는 성장의 애로와 혼돈과 비교해보면, 영국의 기술 혁명과 최초의 대량 생산이 그 옛날 18세기 말과 19세기 초에 활발하게 펼쳐질 수 있었다는 사실이 참으로 경이로운 일이 아니겠습니까? 산업혁명의 동력이 어느 구석에서도 멈춰 서지 않았고, 어느 길목에서도 병목 현상이 일어나지 않은 채 나라 전체가 환상적인 성장을 연출했으니 말입니다. 영국의 농촌에서 노동력이 빠져나갔지만, 농촌의 생산력은 그대로 유지되었습니다. 새로 등장한 산업가들은 필요한 노동력을—숙련 노동 및 비숙련 노동을 포함해—구했습니다. 내수 시장은 물가가 오르는데도 불구하고 계속 성장했습니다. 그 뒤를 좇아 기술이 발달하면서 필요한 서비스를 지속적으로 제공했습니다. 해외 시장이 꼬리에 꼬리를 물고 차례차례 열렸습니다. 게다가 이익률이 떨어짐에도 불구하고, 특히 면직물 산업의 이익률은 최초 호황에 뒤따라 큰 폭으로 하락했음에도 불구하고 경제 위기가 유발되지 않았습니다. 경제 위기를 피할 수 있었던 이유로는 거대하게 축적된 자본이 영국 밖으로 나갈 곳을 찾을 수 있었다는 점도 있었고, 면직물 산업에 이어 철도 산업이 새로 나타나 성장이 지속되었다는 점도 있습니다.

종합해보면, 이처럼 생산이 급격하게 팽창함에 따른 갖가지 요구 사항을 영국 경제의 모든 부문이 해결했던 셈입니다. 막히는 병목도 없었고 고장 난 부분도 없었습니다. 이러한 변화에서 결정적이었던 것은 국민 경제 전체가 아닐까요? 더욱이 영국의 면직물 혁명은 밑바닥의 일상생활에서부터 시작되었습니다. 번번이 수공업 장인들이 여러 가지 발명을 내놓았고, 산업가들도 초라한 출신에서 많이 나왔습니다. 투자할 자금은 융자 받기가 용이했고, 산업혁명 초기에는 자본 규모도 작았습니다. 놀라운 산업혁명의 지각 변동을 촉발했던 것은 이미 축적된 부도 아니었고, 런던도 아니었으며, 런던의 상인 자본주의와 금융 자본주의도 아니었습니다. 런던은 1830년대가 지나서야 산업을 통제할 수 있게 됩니다. 충분히 광범한 사료에서 드러나는 경탄스러운 광경은, 이처럼 산업혁명이 촉발되고 나서 등장하는 산업 자본주의라는 것의 실체를 시장경제와 기초적 경제의 힘과 활력이 받쳐주었다는 것입니다. 이와 더불어 작고 혁신적인 산업의 힘과 활력이 좋았고, 그에 못지않게 생산과 교환의 전체적인 작동이 강력하고 활기찼기 때문에, 곧이어 등장할 산업 자본주의가 바로 그 바탕을 딛고 일어설 수 있었습니다. 다시 말해, 산업 자본주의는 그 밑에서 받쳐주는 경제의 활력이 없었다면 성장할 수도 없었고 자기 자리를 잡고 힘을 갖출 수 없었습니다.

그렇지만 영국이 광대한 세계의 확고부동한 지배자로 군림할 수 있었던 당시 상황이 조성되지 않았다면, 영국의 산업혁명은 과거의 모습대로 전개되지 못했을 것입니다. 프랑스 대혁명과 나폴레옹 전쟁도 그러한 상황에 크게 기여했다는 것은 잘 알려진 사실입니다. 그리고 면직 산업의 호황이 광범위하게 장기간 실현될 수 있었던 것도 새로운 시장이 열림에 따라 산업의 동력이 쉬지 않고 탄력을 받을 수 있었기 때문입니다. 즉 포르투갈과 스페인이 차지하고 있던 아메리카 식민지, 오스만 제국, 서인도와 인도, 동남아시아 등이 줄줄이 시장으로 열렸습니다. 의도한 일은 아니었지만, 세계가 영국의 산업혁명을 위해 효율적인 조건을 만들어준 셈입니다.

자본주의와 산업혁명이 어떻게 발생했느냐는 문제에는 두 가지 시각이 제기된 바 있습니다. 한쪽에서는 내적 요인에 근거한 설명밖에 인정하지 않습니다. 즉 사회경제적 구조 자체가 변화하는 과정을 통해서 자본주의와 산업혁명이 발생했다는 시각입니다. 다른 한쪽에서는 외적 요인에 근거한 설명만 보려고 합니다. 사실 이 시각은 자본주의와 산업혁명이 제국주의적으로 세계를 착취한 결과라고 보는 시각이기도 합니다. 앞서 설명한 내용에 비추어보면, 이 양쪽 시각 사이의 통렬한 논쟁은 의미가 없다고 여겨집니다. 세계를 착취하고 싶다고 해서 아무나 그리할 수 있는 것은 아닙니다. 우선 그리할 만한 힘을 키워야 하고, 힘을 키우는 과정은 쉬운 게 아니어서 천천히 진행됩니다. 그처럼 완만한 내적 과정을 거쳐야만 그 힘이 형성되는 것이라고 하더라도, 세계의 다른 지역을 착취할 수 있다면 힘이 더욱 강해질 것은 자명합니다. 이 같은 이중의 과정이 진행되면서 착취자와 피착취자 사이의 격차는 더욱 벌어지기 마련입니다. 따라서 내재적 설명과 외재적 설명은 서로 불가분의 관계로 맞물려 있습니다.

자, 마침내 결론을 내려야 할 때가 되었습니다. 여기까지 오면서 여러분들을 충분히 납득시켰다고 확신하지는 않습니다. 앞에서 나의 관점에 따라 어제의 세계와 자본주의를 여러분들에게 설명했습니다. 이제 설명을 마무리하면서 그 내용에 비추어 오늘의 세계와 자본주의에 대한 내 생각을 제시할 생각이지만, 과연 여러분들을 얼마나 설득할 수 있을지는 더욱 확신이 서지 않습니다. 하지만 역사를 설명한디는 것은 우리가 사는 현재까지 발을 내디뎌야 하는 게 아닐까요? 이러한 만남을 통해서만 역사적 설명이란 것이 정당화되는 것이 아니겠습니까?

물론 오늘날의 자본주의는 규모 면에서나 여러 가지 비례 면에서나 상상을 초월할 정도로 변했습니다. 일상적 거래와 금융 수단 역시 상상을 초월할 정도로 팽창했고, 그에 맞추어 자본주의가 움직이는 차원도 달라졌습니다. 하지만 달라진 것이 꽤 크다고 해도 자본주의의 성격이 완전히 변했다고는 생각하지 않습니다.

그렇게 생각하는 근거로 세 가지를 말씀드리겠습니다.

첫째, 자본주의는 여전히 국제적 자원과 기회를 활용하는 것에 바탕을 두고 있습니다. 달리 말하면, 자본주의는 세계적인 차원과 세계적인 규모에서 존재한다는 것입니다. 적어도 세계 전체를 향해 손을 뻗는 것이 자본주의의 속성입니다. 현재 자본주의가 처한 커다란 관심사가 무엇입니까? 바로 이 세계주의의 판을 다시 짜는 것입니다.

둘째, 자본주의는 법률에 근거한 것이든 관행에 근거한 것이든 여전히 독점에 의존합니다. 독점이라는 문제를 놓고 격렬한 반대가 빗발쳐도 자본주의는 집요하게 독점을 유지하고 있습니다. 조직이 여전히 시장을 우회하고 있다는 말이 오늘날에도 들려옵니다. 이런 문제가 정말로 새로운 사실이라고 여긴다면 대단히 잘못된 것이지요.

셋째, 사람들이 늘 이야기하는 것과 달리, 자본주의는 경제 전체와 사회적 노동 전체를 포괄하지 못합니다. 자본주의는 결코 자신의 완벽한 시스템 속에 이 두 가지—경제 전체와 사회적 노동 전체—를 다 주워 담지 않습니다. 앞에서 물질생활과 시장경제, 그리고 자본주의 경제로 구분하는 삼중 구조를 제시한 바 있습니다(그중 자본주의 경제는 엄청난 부속물과 결합합니다). 이 모델은 서로 다른 것을 구분하고 설명하는 놀랄 만한 가치가 있습니다. 그 설명력에 수긍하는 것은 그다지 어렵지 않을 것입니다. 이 세 단계(혹은 층위) 각각에서 벌어지는 몇 가지 특징적 활동을 내부자 관점에서 인식하는 것으로 족합니다. 맨 밑의 물질생활을 보면, 여전히 국민계정 통계에 잡히지 않는 자가 소비와 서비스가 많고, 수공예 장인들의 작업장도 많습니다. 유럽 역시 그렇습니다. 중간 단계인 시장경제의 경우, 의류업자를 예로 들어보지요. 그가 제품을 만들고 지속적으로 운영하려면 혹독한 경쟁의 법칙에 구속되기 마련입니다. 잠시 한눈을 팔거나 약점이 노출되면 그날로 망하게 됩니다. 이와 달리, 가장 높은 단계의 자본주의를 보자면, 여러 가지 예가 있겠지만 내가 아는 거대 기업 두 곳을 예로 제시할 수 있습니다. 하나는 프랑스 기업이고 다른 하나는 독일 기업인데, 세간에는 서로 경쟁하는 관계라고 알려져 있지만 실제로는 유럽 시장에서만 경쟁하는 기업들입니다. 이들은 유럽 시장에서마저 주문이 어느 쪽으로 가든지 전혀 신경 쓰지 않습니다. 이 두 기업은 다른 시장에서 공동의 이해를 가지고 있어 얼마든지 타협할 방안이 있기 때문입니다.

결론적으로 나 나름대로 천천히 영글게 된 생각을 말하면 이렇습니다. 자본주의란 것은 본질적으로 가장 높은 곳의 경제 활동에서 비롯되는 것이고, 적어도 그처럼 높은 곳에 올라서려는 경제 활동에서 비롯된다는 것입니다. 따라서 이 같은 자본주의는 그 밑에 두터운 층 두 개—물질생활과 촘촘한 시장경제—를 겹으로 깔고 앉아, 높은 수익이 나는 영역에서 서식하는 존재라는 것입니다. 이런 의미에서 자본주의를 최상층의 존재라고 보았습니다. 이러한 내 생각을 비난하는 분도 있을 것입니다. 하지만 이런 생각을 한 사람이 나 혼자만은 아닙니다. 레닌은 1917년에 작성한 소책자, 『제국주의, 자본주의 발전의 최고 단계』에서 이와 같은 생각을 두 번 언급합니다. "자본주의는 상품 생산이 가장 발달한 단계다", 또 "수만 개의 대기업은 전부이지만, 수백만 개의 소기업은 아무것도 아니다"라고 언급한 바 있습니다. 1917년 러시아 혁명 전야의 세계에서는 자명한 사실이었는데, 지금은 오래된, 아주 오래된 사실처럼 되어버렸습니다.

언론인이나 경제학자, 사회학자들의 연구가 범하는 잘못은 역사적인 차원과 관점을 고려하지 않을 때가 너무 많다는 점입니다. 더욱이 많은 역사가들이 그늘이 연구하는 시기가 그 자체로 손재하는—시작이면서 동시에 끝이기도 한—것인 양 똑같은 오류를 범하고 있지 않은가요? 예리한 정신의 소유자 레닌 역시 같은 소책자에서 다음과 같이 말합니다. "자유경쟁이 지배적이었던 예전의 자본주의는 상품의 수출이 특징이었지만, 독점이 지배하는 지금의 자본주의는 자본의 수출이 특징이다." 이러한 주장만큼 논쟁의 여지가 많은 것도 없습니다. 자본주의는 언제나 독점적이었습니다. 그리고 상품과 자본은 늘 같이 돌아다녔고, 자본과 신용은 항상 외부 시장을 공략하고 통제하는 가장 확실한 수단이었습니다. 20세기에 들어서기 오래전부터 자본 수출은 일상적인 현상이었습니다. 피렌체에서는 13세기부터, 아우크스부르크와 안트베르펜, 제노바에서는

16세기부터 자본 수출이 횡행했습니다. 18세기에 자본은 유럽과 세계를 휘젓고 다녔습니다. 금융의 세계가 동원할 수 있는 모든 수단과 방법, 술수가 1900년이나 1914년에 이르러서야 출현한 게 아니라는 사실을 굳이 지적할 필요가 있을까요? 자본주의는 예나 지금이나 이러한 장치들과 친숙했습니다. 자본주의의 특징과 강점은 이 술수에서 저 술수로, 이러한 행태에서 저러한 행태로 변화하는 능력입니다. 또 변화하는 국면에 따라 수도 없이 새로운 방법을 강구하는 것도 자본주의의 특징이자 강점이고, 그러한 변화무쌍함의 와중에도 비교적 자본주의에 고유한 본질에 충실하고 유사한 상태를 유지하는 능력 또한 자본주의의 특징이자 강점입니다.

역사가로서가 아니라 우리 시대의 한 사람으로서 내가 애석해하는 것은, 자본주의 세계에서나 사회주의 세계에서나 자본주의를 시장경제와 구분하지 않는다는 점입니다. 구미권에서 자본주의의 해악을 비판하는 소리가 나오면, 정치인과 경제학자들은 그들에게 이렇게 말합니다. 그것은 자유 기업과 시장경제를 운영하다 보면 어쩔 수 없이 나타나는 사소한 악이라는 것입니다. 나는 이 말을 믿지 않습니다. 소련에서도 눈에 띌 만큼 사상운동이 일어나는 와중에 사회주의 경제가 너무 더디고 무겁기만 하니 '자발성'을 좀 더 많이 배려하자(달리 말해 '자유'를 좀 더 많이 주자)는 사람들도 있었습니다. 이러한 견해에 대한 대답은, 그것은 자본주의라는 재앙을 종식시켜야 하기 때문에 어쩔 수 없이 나타나는 사소한 악이라는 것이었습니다. 이 말 역시 나는 믿지 않습니다. 그렇다면 내가 생각하는 이상적 사회라는 것이 가능한 것일까요? 가능하건 불가능하건, 이 세상에 내 생각에 동의하는 사람이 얼마나 되겠습니까?

역사가로서 최종적 신념을 여러분들에게 한마디로 전할 처지는 못 됩니다. 다만 강연을 마무리하는 자리에서 다음과 같은 일반적인 주장을 몇 마디 할까 합니다.

역사는 항상 새로 시작되며 흘러갑니다. 역사는 늘 스스로 자신을 만들어내고 또 자신을 극복하면서 흘러갑니다. 역사학의 운명은 모든 사회과학의 운명과 다를 게 없습니다. 우리가 쓰는 역사책이 십 년이든 수십 년이든 오래도록 타당할 거라고는 생각하지 않습니다. 누구나 잘 알고 있듯이 한 번 썼다고 마무리되는 책은 없습니다.

자본주의와 경제를 보는 나의 해석은 많은 시간을 들여 고문서를 뒤지고 자료를 검토하는 작업에 바탕을 두고 있습니다. 하지만 통계 자료는 충분하지 않았고 자료 간의 연관성도 부족했습니다. 결국 징량적인 자료보다는 정성적인 자료에 더 많이 의존할 수밖에 없었습니다. 생산곡선이나 이익률, 저축률을 분석하는 자료라든가 기업의 대차대조표를 신중하게 도출하는 연구 논문은 극히 드물고, 고정자본의 소모량을 개략적으로 추정하는 자료마저 찾아보기 어렵습니다. 이러한 다양한 분야에 대해 좀 더 정확한 정보를 구해보려고 동료와 친구들을 찾아다녔지만, 보잘것없는 성과밖에 거두지 못했습니다.

　나의 설명은 더 나은 길을 찾지 못한 채 한계에 갇혀 있는 상태이지만, 다음과 같은 연구 방향을 통해서 돌파구를 찾을 수 있을 거라고 생각합니다. 문제를 더 잘 이해하기 위해 여럿으로 분해하거나 세 가지 차원(혹은 단계)으로 나누어 보는 것은 아주 복잡한 경제적·사회적 실재를 여러 각도로 잘라 보고 들여다보는 일입니다. 사실 기계화와 더불어 경제성장률이 변하게 된 이유를 종합적으로 이해하려면 전체를 파악해야 합니다. 지난날의 경제사에서 국민계정이나 거시 경제와 같은 현대적 방법을 도입할 수 있다면 전체를 겨냥하고 세계를 겨냥하는 역사 기술이 가능할 것입니다. 국민소득과 일인당 국민소득의 변화를 추적하는 연구라든가, 17~18세기 프로방스에 대한 르네 배렐René Baehrel의 선구적인 역사 연구를 재평가하는 연구, 그리고 '재정과 국민소득'의 상관관계를 수립해보려는 연구, 사이먼 쿠즈네츠의 조언에 따라 시기별로 달라지는 조생산produit brut과 순생산produit net의 괴리를 측정하는 연구(이 주제에 관한 그의 가설은 현대의 경제성장을 이해하는 데 중요한 것으로 보입니다)와 같은 것들을 들어볼 수 있겠습니다. 이러한 작업들이 젊은 역사가들에게 제안하고 싶은 것들입니다. 내가 그간에 저술한 책들은 이처럼 어렴풋하게만 보이는 전경을 어떻게든 내다보려고 이런저런 기회에 열어봤던 창문 하나에 불과합니다. 하지만 창문 하나로는 충분할 리가 없습니다. 공동 연구는 아니더라도, 잘 짜인 연구가 꼭 필요할 것입니다.

물론 이렇게 이야기한다고 해서 내일의 역사 기술이 절대 변할 수 없는 경제사가 될 것이라는 말은 아닙니다. 회계적인 경제 자료는 기껏해야 유량流量을 연구하는 것이고 국민소득의 변동을 연구하는 것이지, 축적된 재산이나 국가의 부를 측정하는 것은 아닙니다. 이 같은 저량貯量 지표에도 접근할 수가 있으므로 이에 대해서도 연구해야 할 것입니다. 역사가들이나 또 모든 사회과학 및 객관적 과학의 연구자들은 언제나 새로 발견할 신대륙이 있을 것입니다.

해제

브로델이 들려주는
자본주의라는 이름의 히드라 이야기

—김홍식[1]

1. 들어가기: 삶과 이야기, 그리고 시간

 누구나 삶이 있고 이야기가 있습니다. 어린아이의 태를 벗은 자식에게 "나는 이렇게 살았단다"라고 이야기할 때도 있고, 먼 조상이 어떻게 살았다는 이야기를 전해들을 때도 있습니다. 나의 삶이든 남의 삶이든, 삶을 이야기하는 방식에는 여러 가지가 있습니다. 어떤 일들이 일어났는지 커다란 사건을 중심으로 이야기할 수도 있고, 무엇을 목표로 살았는지 삶의 목적을 중심으로 이야기할 수도 있을 것입니다. 그 밖에 여러 가지 방식이 있겠지만, 삶을 이야기할 때는 시간의 흐름에 따라 무언가의 변화를 이야기하게 됩니다. 동시에 여러 가지 변화 속에서 변하지 않는 것을 이야기할 수도 있습니다. 변하는 것은 현상이요, 변하지 않는 것이 본질이라고 말하는 사람도 있을 것입니다.
 개인의 삶이든 어느 사회의 삶이든 무엇이 변했고 무엇이 변하지 않았는가 하는 것은 그 삶의 내부를 들여다보는 중요한 관점이 될 수 있습니다. 가령 우리는 밥을 먹고, 자동차를 타며, 스마트폰을 쓰면서 살고 있습니다. 밥(즉 쌀)과 자동차, 스마트폰은 그저 생활에 필요한 물건일 뿐이지만, 우리가 사는 삶의 시간대를 말해주기도 합니다. 스마트폰을 쓰고 산 지는 한두 해에서 서너 해 정도 될 것입니다. 자동차를 타고 산 지는 이보다 더 오래되어서 50년 넘어 길게 보면 100여 년에 달할 것입니다. 그러니까 지금으로부터 기껏해야 두세 세대 전부터 자동차와 함께 살아온 셈이지만, 밥을 놓고 생각해보면 시간의 차원이 확 달라집니다. 할아버지의 할아버지와 그 할아버지의 할아버지를 넘어 시작을 가늠하기 어려운 태곳적부터 우리는 밥을 먹고 살고 있습니다. 당연한 이야기일지

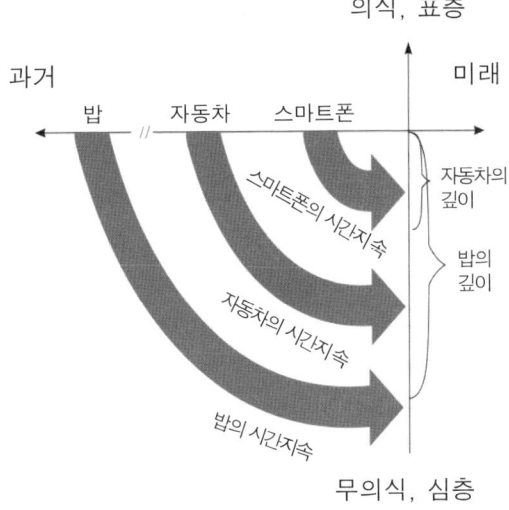

도 모르지만, 이것을 아래 그림처럼 그려볼 수도 있을 것입니다. 가로축은 과거에서 미래로 이어지는 시간의 흐름을 나타냅니다. 세로축의 위쪽은 쉽게 의식할 수 있고 겉으로 잘 드러나는 의식과 표층의 세계를 상징하고, 아래쪽은 그 반대로 무의식과 심층의 세계를 상징합니다.

그림을 보고 금세 알아챌 수 있듯이, 스마트폰이라는 생활 요소가 지속된 시간의 길이는 짧고, 자동차는 그 시간의 길이가 훨씬 깁니다. 스마트폰과 관련된 여러 가지 일들이 화제에 자주 오르는데, 전에 없던 새로운 것이고 다양한 응용 프로그램이 하루가 다르게 쏟아지는 데다 업체 간 주도권 다툼도 치열해서 변화가 활발한지라 사람들의 이목을 끌기 때문일 것입니다. 한편 자동차의 경우는, 새로 출시된 무슨 차종에 어떤 특징이 있을 경우나 화제에 오를까, 자동차 자체가 화제에 오르는 일은 별로 없습니다. 그만큼 자동차는 오래돼서 당연한 것이며 따라서 자동차와 관계된 삶은 우리 생활 깊숙이, 또 의식 깊은 곳에 들어와 있다고 볼 수 있습니다. 즉 무의식과 심층을 가리키는 세로축 방향에서 자동차가 스마트폰보다 더 아래쪽(더 깊은 곳)에 위치하는 셈입니다. 더 나아가 밥은 헤아릴 수 없이 오랜 시간을 지속한 것이어서 우리의 삶과 의식의 저 아래 아주 깊은 곳까지 파고들어 가 있다고 볼 수 있습니다.

그림의 세로축에서 세 가지 물건이 자리하는 심층의 입체 공간에 시간의 흐름과 함께 점점 아래로 내려가는 좀 널찍한 화살표를 그려봤습니다. 밥을 예로 들면, 밥과 관련된 생활이나 사회관계의 폭을 나타냅니다. 밥을 먹고 살려면 쌀농사를 지어야 하고, 경작할 농지가 필요하며, 일 년 중 오랜 시간을 적지 않은 농민들이 일해야 합니다. 그렇게 세대에 세대를 거듭하며 오래도록 밥과 관련된 삶이 이어졌습니다.

지금은 국민의 태반이 농사 말고 다른 일을 하고 살지만, 아주 오래전 농사에서 비롯된 구성진 민요가락을 들으면, 나도 모르게 마음속 한구석에서 무언가 뭉클한 것을 느끼게 됩니다. 풍물놀이 역시 농사에서 비롯됐습니다. 오래전 텔레비전 프로그램에서 미국에 사는 우리 교포 2세들에게 국내 풍물 전문가가 찾아가 장구며 북이며 꽹과리 등 풍물 가락을 가르쳐주던 일이 소개됐습니다. 그 교포 2세들은 중학생 정도의 나이에 우리말을 할 줄 몰랐고 한국적인 삶을 전혀 경험하지 못했지만, 풍물 교습에 순간적으로 집중하며 몰입하는 모습을 봤습니다. 어느 아이는 눈물을 흘리며 "이제야 내가 누구인지 알 것 같다"는 말도 했던 것으로 기억납니다. 진화심리학에서 말하듯, 밥이며 농사며 그와 관계된 오랜 세월의 삶이 멀리 타향에서 태어난 그 아이들의 유전자 속까지 파고들었는지도 모를 일입니다.

세월을 이기는 장사는 없다고들 말하지만, 이처럼 어떤 삶의 요소나 생활양식, 사회관계 혹은 그 무엇이 됐든 간에 시간의 세파에 굴하지 않고 수백 년 심지어 수천 년에 걸쳐 오래 지속되는 현상을 가리켜, 브로델은 '장기 지속longue durée'이라는 단순한 말로 불렀습니다. 그는 과거가 됐든 현재가 됐든 인간의 삶을 이해하려면 변하지 않고 오래 지속되는 것들, 그러한 삶의 요소들을 바탕으로 삼아야 한다고 주장했습니다. 또한 인간은 과거에서 현재로 또 미래로 이어지는 단선적인 시간을 살고 있는 게 아니라고 보았습니다. 우리는 지금 분명히 오늘을 살고 있지만, 동시에 수천 년을 이어온 시간과 그보다 덜 오래된 시간, 바로 며칠 전부터 시작된 시간이 겹겹이 포개져 있는 다중적(혹은 중층적) 시간대temporalite multiple를 살고 있다는 것입니다.

역사는 모름지기 시간에 따른 변화를 연구하는 일일 텐데, 브로델은 왜 오래도록 변하지 않는다는 장기 지속을 중시했던 것일까요?

2. '구조'라는 이름의 인간의 조건을 세월의 무게에서 찾다

브로델이 역사를 이해하는 실타래로 '장기 지속'을 마음속에 품었던 것은 그의 대표적인 두 가지 저작 중 하나로 16세기 지중해의 역사를 구상하던 1940년대 초반으로 거슬러 올라갑니다. 제2차 세계대전의 포성이 사라지기 전 독일의 포로수용소에서 초고를 쓰기 시작한 이 책²은 브로델의 박사 학위 논문이기도 했는데, 전쟁이 끝나고 서너 해 지나 1949년에 초판이 나왔습니다. 이어서 브로델은 마르크 블로크와 뤼시앵 페브르가 일군 역사 학술지 《아날: 경제, 사회, 문명Annales: Économies, Sociétés, Civilisations》의 편집을 1956년부터 맡아 지휘하며 (1956~1968), 고등학술연구원 제6부의 학장(1956~1972)으로서 활동합니다. 브로델이 정치와 외교를 비롯한 사건 중심의 역사를 고집하던 기성 '소르본학파'에 강력하게 반발하는 동안 정력적인 젊은 역사학도들이 휘하에 모여들어 아날학파 2세대를 형성했고, 《아날》을 이끌던 12년 사이에 브로델은 마침내 프랑스 역사학계의 중앙 무대를 점령하게 됩니다.

이 시기 초반, 아마도 그의 의욕이 가장 불타올랐을 즈음인 1958년에 장기 지속을 역사학뿐 아니라 모든 사회과학 방법의 중심에 두어야 한다고 주장하는 매우 논쟁적인 논문을《아날》에 발표합니다. 브로델이「역사와 사회과학: 장기 지속」이라고 이름 붙인 이 글을 보면 역사를 "시간 지속의 변증법dialectique de la durée"이라고 표현하는 대목이 눈에 뜨입니다. 무슨 말인지 쉽게 알아듣기 어렵지만, 궁금증을 잠시 접어둔 채 그의 말을 몇 마디 들어보면 이렇습니다.

인간의 삶을 구성하는 다중적이고 모순적contradictoire인 여러 가지 시간, 그처럼 사회적으로 진행되는 시간의 지속[은] 과거의 실체일 뿐 아니라 씨실과 날실처럼 지금 우리가 살고 있는 사회적 삶을 짜는 피륙[입니다]. (……) 빠르게 지나가는 시간과 천천히 흐르는 시간, 이 둘 사이에는 활발하고 밀접한 대립opposition이 끊임없이 일어납니다. 우리 역사가들이 보기에 이러한 대립이야말로 사회적 실재의 핵심에 존재하며 다른 어느 요소보다도 중요한 것입니다. 과거가 됐든 오늘의 현실이 됐든, 모든 사회과학의 방법론에서 이 같은 사회적 시간의 다중성을 선명하게 의식하는 것이 필수 불가결한 일입니다. (……) 우리가 1558년에 있든 아니면 1958년에 있든, 우리를 둘러싼 세계를 파악하고자 한다면 세계를 움직이는 갖가지 힘과 조류, 움직임의 계층적 질서를 정의해야 합니다. 그리고 그것들을 전부 합쳐서 다시 이해해야 합니다. 그렇게 연구하는 각 순간마다 오래 이어지는 움직임과 짧은 움직임을 구분해야 할 것입니다. 짧은 움직임은 바로 가까운 근원에서 시작된 것이고, 오래도록 이어지는 움직임은 멀리 떨어진 과거의 시간에서 비롯된 것입니다. (……) 지금 우리가 경험하는 각각의 '현실' 속에는 근원과 리듬이 서로 다른 움직임들이 뒤섞여 있습니다. 즉 오늘이라는 시간은 어제 시작된 것이기도 하고, 그저께 시작된 것이기도 하며, 까마득한 옛날에 시작된 것이기도 합니다.[3]

독자와 함께 새겨 읽고 싶어서 모순적이라는 말과 대립이라는 말을 강조해 표시해봤습니다. 바로 전에 접어둔 궁금증을 이런 말들과 함께 풀어볼 수 있다고 보기 때문입니다. 이러한 문맥에서 모순이라는 말은 '하나의 체계 속에 묶여 있지만 서로 충돌한다'는 뜻으로 이해하면 좋다고 봅니다. '대립'과 거의 같은 뜻입니다. 그러니까 브로델은 아주 오래전에 시작되어 지속되는 시간과 얼마 전에 시작된 시간이 서로 겹쳐 있을 뿐 아니라, 그것들끼리 서로 충돌하고 대립한다(즉 싸운다)고 생각했습니다. 서로 다른 시간들끼리 충돌한다니, 묘연하게 들리기도 하지만 달리 생각해보면 이렇게 이해할 수 있을 것입니다. 무슨 일이든 늘 하던 대로 하자는 사람이 있고, 다른 방식으로 바꿔보자는 사람이 있습니다. 어떤 생활양식이나 사고방식이 오랫동안 습관처럼 굳어지게 되면 스스로를 유지하려는 힘이 붙게 됩니다. 어떤 이유에서 과거의 생활양식이나 사고방식을 바꾸려는 움직임이 생기면, 오랜 시간 관성을 얻은 힘과 새로 등장한 힘 사이에 충돌과 반목이 생기기도 하고 절충과 타협이 일어나기도 합니다. 옛것을 유지하려는 힘은 긴 시간대의 힘이라고 볼 수 있고, 새것으로 바꾸려는 힘은 짧은 시간대의 힘이라고 볼 수 있습니다.

사실 우리 주위의 갖가지 일들을 이러한 시각에서 이해할 수 있습니다. 수십 년 전 어느 전자회사의 일이었는데, 그때는 제품을 설계하는 컴퓨터 지원 설계(Computer Aided Design, CAD)를 2차원 방식으로 썼다고 합니다. 2차원 방식으로 CAD를 쓰면 설계하는 도면 하나하나에서 다뤄야 할 변수는 단순하겠지만, 실제 조립 과정에서 결합되어야 할 각 부품의 정밀도를 맞추기 어려울 것입니다. 반면 3차원 방식으로 CAD를 쓰면 서로 결합될 각 부품의 정밀도를 높일 수 있겠지만, 다양한 관측점을 반영해 각 도면을 작성해야 하는 만큼 설계 업무의 복잡도가 훨씬 높아질 것입니다. 결국 경영혁신 부서에서 3차원 CAD의 도입을 추진했는데, 현장의 엔지니어들은 2차원 CAD의 사용을 계속 고집해서 최종적으로 3차원 CAD를 실제 업무에 적용하는 데 만만치 않은 진통과 시간이 걸렸다고 합니다. 아마도 이전과 전혀 다르고 복잡한 방식의 업무를 수용하는 데 따르는 엔지니어들의 부담이 적지 않았고 관련 부서 사이의 업무 조정도 쉽지 않았기 때문이었을 것입니다. 즉 2차원 CAD라는 작업 방식의 주변에는 오랜 관습에서 형성된 긴 시간대의 힘이 포진해 있었고, 여기에 3차원 CAD가 도전장을 내고 싸움을 하다가 결국 짧은 시간대의 힘이 승리한 것이라고 볼 수 있습니다. 또 우리 사회에서 쓰레기를 분리수거한 지는 얼마 되지 않으니, 재활용 기준에 따라 분리수거해 쓰레기를 처리하는 행위는 짧은 시간의 힘이고, 아무렇게나 버려 한꺼번에 매립해버리는 행위는 오랜 시간의 힘인 셈입니다. 한동안 분리수거 체계가 확대되는 듯하더니 얼마 전부터 각 생활 거점에서 분리수거한 쓰레기들도 중간 처리 과정에서 다시 섞여서 매립장으로 간다는 이야기가 많이 들립니다. 처음에는 짧은 시간의 힘에 밀리는 듯했던 오랜 시간의 힘이 다시 승리하는 형국입니다. 물론 분리수거가 잘 자리 잡지 못하는 이유는 분리수거가 유발하는 추가적 비용을, 쓰레기를 처리하는 전체 시스템의 효율을 통해서 상쇄할 만한 정책의 체계와 실생활의 개조가 따르지 못했기 때문일 것입니다. 이처럼 쓰레기 처리를 둘러싼 구조적 문제는 시간의 문제와 전혀 무관해 보이지만, 긴 시간과 짧은 시간이 혼재하는 중층적 시간대라는 견지에서 각 시간대가 표상하는 힘의 관계로 바꾸어 바라볼 수 있을 것입니다.

좀 더 시야를 넓혀 보면, 역사상 일어났던 모든 혁명은 짧은 시간의 힘이 긴 시간의 힘과 격전을 치르며 승리한 사례들입니다. 그만큼 엄청난 에너지가 수면 아래에 오랫동안 잠재해 있다가 짧은 기간 안에 빠른 속도로 응집해서 폭발했음을 뜻합니다. 실패한 혁명은 반대로 빠른 속도로 응집하는 짧은 시간의 힘이 긴 시간의 힘에 굴복한 셈입니다. 이렇게 보면 "빠르게 지나가는 시간과 천천히 흐르는 시간 사이에 활발하고 밀접한 대립이 끊임없이 일어난다"는 브로델의 말은 충분히 납득할 만합니다. 또한 역사를 '시간 지속의 변증법'이라고 했던 말도 이해할 만합니다.

따지고 보면 시간이란 것은 객관적 실체가 전혀 없다고도 할 수 있습니다. 시간은 항상 관측자 자신도 아니고 시간 그 자체도 아닌 제삼의 무엇을 참조점으로 삼아 '변화를 정의'할 때에만 '존재(혹은 현상)'한다고 할 수 있습니다. 해가 뜨고 지고 달이 차고 기우는 것을 보고 시간의 흐름을 알 뿐입니다. 시간의 흐름을 알려주는 시계 역시 시간 그 자체와는 다른 제삼의 무엇을 참조점으로 삼기는 마찬가지입니다. 제삼의 무엇은 해와 달이 될 수도 있고 지구의 자전을 측정하는 모종의 기계적 시스템이 될 수도 있겠지만, 문화와 관습은 물론 우리 주변에서 변화하는(혹은 다른 것들이 변하는 와중에도 변화하지 않는) 온갖 것들이 다 제삼의 참조점이 될 수도 있습니다. 브로델은 시간을 알기 위해 제삼의 참조점을 잡는 인식의 방향을 뒤집어서 사회적 실재를 알기 위해 시간을 참조점으로 삼았다고 볼 수 있습니다. 그 참조점이 바로 중층적 시간대라는

'시간의 지도'인 셈입니다. 거의 아무런 변화도 없이 오래 지속되는 긴 시간대가 있고 그 위로 좀 더 빠르게 변화하는 시간대, 또 더욱 빠르게 변화하는 시간대가 공존하는 그 지도 위에 관찰 대상으로 삼는 갖가지 사회적 실재를 옮겨놓자, 그리고 그것들이 어떤 관계를 드러내는지 들여다보자는 것입니다.

보통 우리 눈에 잘 띄고 우리의 관심이 쏠리는 대상들은 시시각각으로 변하는 새로운 것들, 즉 빠르게 지나가는 시간 속에서 벌어지는 일들입니다. 브로델은 그러한 단기적 시간대에 주목하는 역사를 '표층의 역사'라고 봅니다. 하지만 이 세계의 배후에는 천천히 흐르는 시간 속에서 장기 지속하는 '심층의 역사'가 자리 잡고 있다고 봅니다. 이러한 역사는 수백 년이 지나도록 거의 변화가 없어서 기껏해야 두 세대 남짓한 기간 동안 살다 가는 개인이나 집단이—행동하는 입장에서든 관찰하는 입장에서든—거의 의식하지 못할 만큼 깊은 심층의 세계에 가려 있다는 것입니다. 하지만 엄연히 존재하는 역사라는 것입니다. 엄연히 존재할 뿐 아니라 보이지 않는 밑바닥에서 표층의 역사를 떠받치고 또 제약하면서 천천히 밀고 나가는 육중한 힘을 행사하는 실체라고 브로델은 생각합니다. 이렇게 장기 지속하는 역사가 만들어내는 심층의 세계는 브로델에게서 크게 세 가지 의미가 있다고 생각됩니다.

하나는, 인간의 조건을 결정하는 구조는 긴 시간의 흐름 속에서 만들어진다는 것입니다. 자연환경처럼 그냥 인간에게 주어진 조건이든 아니면 인간이 만들어내는 사회적 활동이든, 시간의 파괴력을 이겨내고 오래도록 존속하는 요소들이 결국 인간의 삶을 제약하기도 하고 떠받치기도 하는 여러 가지 구조물로 굳어진다고 보는 것입니다. 그 구조 안에서 살 수밖에 없는 인간이 그 구조가 어떤 구조인지 쉽게 파악하기 어려울 거라고 짐작할 수 있습니다. 달리 생각하면, 인간의 조건을 결정하는 구조는 어느 날 갑자기 생기는 것도 아니고, 선험적인 개념으로 파악할 수 있는 것도 아니며, 오로지 장기 지속의 역사 속에서 찾아야 한다는 말도 됩니다. 브로델이 역사학계는 물론, 사회과학 일반에 던졌던 가장 중요한 문제제기는 바로 이것이 아닌가 싶습니다. 아래에 장기 지속과 구조에 대해 비교적 명료하게 언급한 구절을 인용해봅니다.

구조라고 하면, 사회 현상을 관찰하는 사람들은 사회적 실재와 여러 부류의 사람들 사이에 형성된 무언가의 조직이나 체계 혹은 상당히 견고하게 굳어진 일련의 관계라고 생각합니다. 우리 역사가들이 보기에도 구조란 무언가의 결합이고 건축물과 같은 모습이겠지만, 그보다는 시간이 흘러도 쉽게 마모되지 않고 아주 오랫동안 지속되는 무언가의 실재를 뜻합니다. 그와 같은 구조들 중에는 오랜 시간 존속해서 세대가 수도 없이 바뀌어도 변함없이 유지되는 구조가 있습니다. 그러한 구조들은 역사에 멍에를 씌웁니다. 역사의 흐름을 옥죄고 흘러갈 방향을 결정하지요. 그러한 구조들보다 쉽게 사라지는 구조들도 있습니다. 어쨌거나 그러한 구조는 모두가 디딤돌로 작용하기도 하고 장애물로 작용하기도 합니다. 장애물로 작용할 때는 인간으로서 애써 봐도 좀처럼 넘어설 수 없는 한계와도 같습니다. 수학적으로 말하면 일정한 조건의 무수한 선분들을 외곽에서 바싹 감싸는 포락선 같은 것입니다. 지형적으로 결정된 틀이라든가 여러 가지 생물학적 조건, 혹은 생산성의 한계를 넘어서기가 얼마나 어려울지 생각해볼 수 있습니다. 나아가 이런저런 정신적인 한계도 마찬가지입니다. 예컨대 심성의 틀 역시 장기 지속하는 감옥입니다.[4]

단순히 생각하기에도 어떤 환경이나 제도, 생활양식 같은 것이 수백 년 세월의 무게를 이겨낼 만큼 질기다면 삶의 다른 요소들과 얽기설기 결합하며 여러 가지 사회적 구조물로 진화하게 될 거라고 짐작할 수 있습니다. 그러한 구조가 존속하는 동안 인간은 그 구조의 힘에 구속(혹은 제약)될 수밖에 없고 그에 기대서 살아갈 수밖에 없을 것입니다. 위 인용문의 끝에서 지리적 세약이라든가 (아마도 생태계의 순환이나 분포, 또 질병을 포함하는 뜻에서) 생물학적 조건을 대표적인 구조로 예시하고 있습니다. 얼핏 보기에 위 문맥에서 브로델은 장기 지속을 거의 구조의 동의어처럼 쓰고 있는 듯합니다. 사람의 생각을 제한하는 이러저러한 정신적 한계라든가 오랫동안 굳어진 심성의 틀을 장기 지속하는 '감옥'이라고까지 말하는 걸 보면 그렇습니다. 하지만 장기 지속이 꼭 구조를 뜻하는 것만은 아닌 듯합니다. 다음 대목에서 좀 더 살펴봅니다.

둘째, 장기 지속하는 심층의 세계에서 찾아볼 수 있는 또 다른 의미는, 브로델이 본격적으로 연구했던 주제는 아니지만 반복적으로 강조하는 무의식과 관련됩니다. 사실 심층이 뜻하는 큰 부분이 무의식이기도 합니다. 또한 장기 지속하는 심층의 세계를 말하고는 있지만 딱히 구조를 뜻한다고 보기 어려운 내용과 관련됩니다. 구조를 뜻하는 장기 지속과 어떤 점에서 같고 또 다른지 음미해보기 위해 상당히 길게 인용해봅니다.

> 우리 주변에서 일어나는 행동은 수천 가지에 달하지만 아무도 결정할 필요 없이 그것들 스스로 완수됩니다. 사실 이러한 일상적 관행은 우리가 충분히 의식하지 못하는 것들입니다. 내 생각에 인류의 삶은 절반 이상이 일상생활에 묻어서 굴러갑니다. 예로부터 내려오는 수없이 많은 행동이 뒤죽박죽 누적되고 무수히 되풀이되면서 우리 시대까지 이어집니다. 이러한 습관적 행동은 우리가 삶을 영위하도록 도와주기도 하고, 옥죄기도 하면서, 우리가 사는 내내 우리를 대신해 결정을 합니다. 이 같은 행동을 유도하는 유인과 충동, 그러한 행동의 전형과 방식, 또 그리 행동해야 할 책임을 살펴보면, 까마득한 옛날로 거슬러 올라가는 것들이 왕왕 있는데 우리가 짐작하는 것 이상으로 오래된 것들이 많습니다. 이처럼 수백 년 전의 과거는 아주 오래된 것

이지만 여전히 살아 움직이며 현재로 흘러옵니다. 마치 아마존 강이 엄청난 물줄기에 토사를 실어 대서양으로 쏟아내는 모습과 비슷하지요. 이 모든 것들이 내가 '물질생활vie matérielle'이라는 편리한 용어로 파악하려고 했던 내용들입니다. (……) 이러한 삶의 역사는 별로 중히 여기지 않고 살아온지라 일반적으로 잘 인식되어 있지 않습니다. 나는 그와 같은 역사가 차지하는 중량을 보고 싶었고 또 보여주고 싶었습니다. 그 역사 속으로 뛰어들어 가까이 다가서고 싶었습니다. (……) 비유컨대, 그 심해 깊은 곳으로 잠수하고 나오는 순간, 우리가 태곳적의 물속에 살고 있구나 하는 강렬한 느낌이 가시지 않았습니다. 그러니까 언제부터였는지도 알 수 없을 만큼 오래된 역사, 200~300년 혹은 1,000년 전에도 있었을 역사인데, 어느 순간 우리 눈앞을 보면 오늘날에도 옛 모습 그대로 살아 움직이는 역사 속에서 우리가 살고 있다는 것입니다. 이와 같은 물질생활을 나는 다음과 같이 이해합니다. 즉 물질생활은 인류가 이전의 역사를 지나오는 동안 자신의 삶 아주 깊숙한 곳에 결합해온 것이다. 마치 우리 몸속의 내장처럼 깊숙한 곳에 흡수되어 있는 삶이라는 것입니다. 그런 식으로 오래 전에 경험하고 중독되고 세뇌당한 것들이 일상생활의 필수적인 것이 되고, 또 너무나 당연한 것이 됩니다. 그래서 아무도 눈여겨보지 않게 됩니다. (……) 이것이 『물질문명과 자본주의』의 제1권을 써나가는 길잡이입니다. 목적은 그러한 심층의 물질생활을 탐색하는 것입니다. 책의 차례에 나와 있는 장들 자체가 눈에 잘 보이지 않는 그러한 힘들을 열거한 것입니다. 즉 물질생활 전반을 만들어내고 밀고 가는 힘이자, 물질생활 너머의 상위 영역까지 포괄해 인간의 역사 전체를 밀고가는 힘이기도 합니다.[5]

이 인용문에서 브로델은 겹겹이 포개져 있는 다중적 시간대를 이야기하고 있고, 그중에서도 장기 지속하는 심층의 삶이 우리가 의식하기 어려운 무의식의 깊은 곳에서 살아 움직인다고 말합니다. 또한 그렇게 일상적 관행이 되어버린 '물질생활'이 "우리 삶을……옥죄기"도 하지만 인간의 역사 전체를 밀고 가는 '힘'이라고도 이야기합니다. 장기 지속을 말하는 것은 분명한데, 건물의 골격처럼 단단히 굳어버린 '구조'만을 강조하는 이야기라고 보기는 어렵습니다. 그보다는 무의식 세계에 가려 잘 보이지 않지만 어마어마한 힘으로 그 구조 자체를 만들어내고 구조 전체를 들어 나르며 매우 더디지만 항상 움직이는 거대한 힘을 강조하고 있습니다.

이렇게 생각해보면, 장기 지속하는 심층의 역사는 이중적 의미를 지닌다고 볼 수 있습니다. 인간의 조건을 결정하는 구조를 뜻하는 첫 번째 의미도 있지만, 구조 자체를 만들어내고 또 움직이는 거대한 동력을 뜻하는 두 번째 의미도 있습니다. 집이라는 구조물과 그 속에서 사는 인간의 모습에 비유하자면, 한번 지어놓은 집의 골격은 손대지 못하고 기껏해야 창문틀이나 바꾸고 벽지를 새로 바르며 사는 인간의 모습도 있겠고, 같은 집에 살면서도 야금야금

벽돌 하나씩 새로 쌓아서 새집을 짓는 인간의 모습도 있을 것입니다. 그래서 두 번째 인간의 모습을 긴 시간을 두고 연속 촬영한 필름을 고속으로 재생할 때 드러나는 모습이 장기 지속의 두 번째 이미지라고 이해할 수도 있을 것입니다. 총알같이 왔다 갔다 하는 인간의 동선 주위에 전에 없던 기와집이 새로 나타나고 처음에 있던 초가집은 창고나 마구간으로 변해가는 광경이 드러날 것입니다.

이와 같이 장기 지속과 그 심층의 역사를 이중의 의미로 이해하는 것이 어찌 보면 당연한 것도 같지만, 달리 보면 이야기가 원점으로 돌아간 듯한 느낌도 듭니다. 처음에는 좀처럼 변하지 않는 구조라는 의미를 장기 지속에 부여하다가, 나중에는 그 구조를 포함해서 역사 전체를 밀고 가는 힘, 즉 변화의 동력이라는 의미를 부여하고 있으니 말입니다.

브로델에 관한 국내외 자료를 어느 정도 살펴보면, 그가 말하는 장기 지속이란 구조와 구조라는 감옥에 갇혀 옴짝달싹할 수 없는 인간을 뜻한다고 풀이하는 자료가 대부분입니다. 브로델이 말했던 장기 지속을 '장기 지속=구조=감옥'으로 이해하는 입장에서는 제가 풀이하는 장기 지속의 두 번째 의미가 지나친 해석으로 보일지도 모르겠습니다. 어쩌면 두 번째 의미를 추출한 바로 위 인용문은 브로델이 '물질생활'에 국한해서 이야기했던 것인데, 그중 마지막 구절— "인간의 역사 전체를 밀고 나가는 힘"—을 너무 확대해서 이해하는 오류를 범하는 것인지도 모릅니다. 사실 첫 번째 의미에서 인용한 구절은 브로델이 1949년 『지중해』 초판을 쓰고 1966년 그 재판을 쓰기 전 1958년 논문에서 했던 말이고, 두 번째 의미에서 인용한 구절은 1976년 미국 존스홉킨스 대학교에서 강의했던 내용이니 1967년 『물질문명, 경제, 자본주의: 15~18세기』[6] 초판을 쓰고 1979년 재판을 쓰기 전에 했던 말입니다. 그러니까 두 인용문 사이에 약 20년의 세월이 흐르기도 했거니와, 브로델의 관심 주제가 많이 달라졌을지도 모릅니다. 게다가 그는 핵심 용어마저도 엄밀한 정의는 피한 채 대략의 특징을 위주로 방대한 사료를 동원하는 것으로 유명하고, 그 스스로도 엄밀한 정의는 불필요할 뿐 아니라 해롭기까지 하다고 말하기도 했습니다.[7] 그러니 읽는 사람이 알아서 읽어야 할 부분이 꽤 많지 않겠는가 하는 생각을 하게 됩니다. 그도 그럴 것이, 본 『물질문명과 자본주의 읽기』의 마지막 장 끝부분에서 브로델은 "역사는 항상 새로 시작되며 흘러갑니다. 역사는 늘 스스로 자신을 만들어내고 또 자신을 극복하면서 흘러갑니다"라고도 말하고 있으니 말입니다.

그야 어찌 됐든, 장기 지속과 구조 사이에는 '장기 지속은 곧 구조를 뜻한다'라고만 이해하기 곤란한 '딜레마' 같은 것이 있다고 봅니다. 왜냐하면 오랜 세월의 무게가 누적되어 형성되는 게 구조라면, 그런 구조를 만들어내는 오랜 세월의 정체는 도대체 무엇일까요? 오래도록 변하지 않는 구조를 만들어내고 나서 역사의 무대에서 퇴장하는 것일까요? 만약 그렇게 생각한다면, 장기 지속이란 것을 외생 변수로 간주하는 또 하나의 구조 결정론이자 역사 밖에서 역사를 설명하는 형이상학이 되고 말 것입니다. 따라서 장기 지속하는 심층의 역사는 두 가지 의미를 모두 지닌다고 볼 수밖에 없을 것 같습니다.

한편, 브로델은 "우리는 심층의 역사를 발견하지 못합니다. 단지 우리의 생각으로 비추어 볼 뿐입니다"[8]라고도 말합니다. 앞서 했던 논의를 괜히 했다고 느낄 만큼 김빠지게 하는 이야기입니다. 그렇지만 이 이야기에서 장기 지속과 심층의 역사에 대한 세 번째 의미를 생각해볼 수 있을 것 같습니다. 즉 장기 지속이라는 개념은 역사를 기술하는 내용이나 결과라기보다는 역사를 기술하기 위한 방법이 아닐까 하는 점입니다. 또한 그러한 방법으로 찾을 수 있는 여러 가지 비체계적인 재료를 가리키는 것이지, 그것 자체가 무언가의 구조랄지 어떤 역사의 법칙을 의미하는 것은 아닌 듯합니다. 오히려 그렇게 찾아낸 여러 가지 재료에서 읽어내야 할 과제가 구조나 법칙이 될 것입니다.

가령 1,000년이 넘는 세월 동안 밥을 먹고 살았다는 것은 분명 장기 지속하는 현상이고 재료가 될 것입니다. 또 장례를 치를 때 서양에서는 아주 오랜 세월 검은 옷을 입었고 우리나라에서는 흰 옷을 입었다는 것도 (근래에 서양 문화의 유입으로 검은 옷을 주로 입게 되었습니다만) 그러한 재료일 것입니다. 하지만 이러한 현상을 두고, 그것 자체가 무슨 구조이고 인간을 구속하는 감옥이라고 하기는 어렵습니다. 하지만 밥에서 시작하여 쌀농사와 농업 일반의 생산 조건을 긴 시간에 걸쳐 알아보고, 토지의 소유 관계와 생산물의 분배나 유통, 다른 산업과의 관계나 도시와 농촌의 관계를 파악해보면, 대략 어느 시기부터 어느 시기까지 장기간 존속했던 어떤 구조가 파악될 수도 있을 것입니다. 또 오랜 세월 동안 장례를 치를 때 검은 옷을 입었다거나 흰옷을 입었다는 것이 문화사적 맥락에서 죽음의 상징과 관련해 어떤 심성의 구조를 찾아내는 단서가 될지도 모를 일입니다. 그러한 심성의 구조가 수천 년의 세월을 지속하며 오늘에까지 이르고 있음을 발견한다면, 그때는 단순히 어떤 옷을 오래 입었다는 것과는 전혀 다른 이야기가 될 것입니다.

장기 지속하는 역사와 그 심층의 세계에 부여할 수 있는 세 가지 의미를 정리해보아야겠습니다. 첫째, 인간의 조건을 결정하는 구조는 오랜 세월을 통해 형성된다는 것입니다. 매우 단순한 말일지도 모르겠지만, 인간의 조건을 결정하는 구조는 어느 날 갑자기 생기는 것도 아니고, 선험적인 개념으로 파악할 수 있는 것도 아니며, 오로지 장기 지속하는 세월의 '무게'를 통해서 형성된다는 뜻으로 읽힙니다. 둘째는 그 세월의 '무게'와 그로부터 형성된 '구조'가 아무리 무겁고 단단하더라도 세대에 세대를 거듭하는 '긴 시간대의 인간'이 만들어내는 결과라는 것입니다. 이 역시 단순한 말일지도 모르지만, 역사를 창조하는 원동력은 어느 한두 세대의 행위나 그들이 처한 조건을 뛰어넘는 훨씬 장기적이고 심층에 있는 힘에서 비롯된다는 말로 읽힙니다. 셋째, 장기 지속은 역사를 서술하는 어떤 개념이라기보다는 그러한 개념에 도달하기 위한 방법이라는 점입니다. 빨리 지나가는 시간대에서 드러나는 표층의 움직임만으로는 역사의 의미를 결코 이해할 수 없다, 역사의 심층을 비추어줄 재료를 장기적 시야에서 찾아보자는 말로 읽힙니다. 두 번째와 세 번째 의미는 브로델에 대한 표준적 해석이라고 보기는 어렵지만, 제가 보기에 두루 알려진 첫 번째 의미와 함께 생각해볼 만한 것이 아닌가 합니다.

그런데 브로델이 말하는 구조는 어떤 구조일까요? 그러니까 장기 지속을 강조함으로써 파악되는 구조라고 하면 어떤 속성이 있는 것일까요? 다음 절에서 '모델'에 대한 그의 생각과 함께 살펴보고자 합니다.

3. 역사를 탐험하는 배: 브로델의 모델

브로델은 앞에서 두 차례 인용한 1958년 논문에서 구조를 발견하기 위한 방편으로 모델의 중요성을 강조합니다. 그의 핵심 논지는 이 세상에 언제 어디서나, 즉 시공을 초월해 적용 가능한 보편타당한 모델은 없다는 것입니다. 즉 모델은 관찰자가 눈여겨본 사회 환경에서 추출한 실재를 반영해서 만든 일종의 가설이고 설명 체계인데, 다른 시간과 공간에 얼마나 잘 적용되는지 시험해봐야만 의미가 있다고 주장합니다. 그래서 모델을 배에 비유하는 브로델은 일단 모델이라는 배를 만들면 역사적 시공의 물줄기에 띄워보는 시험 항해를 한다고 말합니다. 시험 항해란 모델이 상정하는 실재, 즉 사료를 찾아 검증하는 일입니다. 배가 더는 못 가고 난파할 때까지 상류로 올라가서 왜 난파했는지 이유를 찾아보고, 다시 하류를 향하여 똑같이 항해해본다고 말합니다. 그렇게 실재에서 모델로, 다시 모델에서 실재로 왔다 갔다 하는 연구를 계속 반복함으로써 역사에서 장기 지속했던 구조를 발견한다는 이야기입니다. 여기서 브로델은 역사적 시공의 구체성에서 이탈하는 보편타당한 모델을 배격함과 동시에 어느 정도 장기적인 연속성을 찾아 나서지 않고 단기적 사건에만 주목하는 태도도 배격하는 입장에 섭니다.

추상적인 설명으로 흘렀지만, 이러한 그의 생각에 비추어볼 때 브로델은 모델의 내용보다 모델을 활용하는 방법을 중시했다고 볼 수 있습니다. 장기 지속하는 역사의 시공과 그 구조를 발견하기 위해서 사료 적용을 통해 반박 가능한 모델을 중시했고, 또 모델과 사실 사이의 지속적인 왕래를 위해 정밀한(또한 선험적인) 개념의 모델보다는 되도록 많은 사실을 담아 비교해볼 수 있는 다소 느슨한 모델을 역사 기술의 준거로 삼았다고도 이해할 수 있을 듯합니다. 예컨대, 그가 14~15세기에서 18세기 사이 약 400~500년 동안의 유럽에 적용했던 여러 가지 모델 가운데 대표적인 것이 삼층집 모델입니다. 맨 밑에는 물질생활이 있고, 그 위에 시장경제가 있고, 꼭대기에 자본주의가 위치한다는 경제 모델입니다. 이렇게 물질생활-시장경제-자본주의라는 순서대로 『물질문명과 자본주의』라는 실로 방대한 저술을 적어 나갔지만, 이 삼층집 모델 자체는 복잡한 요소가 거의 없습니다. 건물로 치자면, 완성된 건축물이라기보다 건물을 짓기 위한 가건물이나 거푸집에 가까워 보입니다. 즉 겉모습은 엉성할지 몰라도 가능한 한 많은 재료를 활용하고 또 변형할 수 있도록 '과소 결정'된 설계도라고 볼 수 있을지도 모르겠습니다. 그래서 그는 "역사라는 것은 사전적인 관념을 많이 품지 않은 채 묘사하고, 단순히 관찰하고, 분류하는 것이 좋은 것 아닐까요? 그렇게 들여다보고 또 보여주는 것이 역사가가 해야 할 일의 절반일 것입니다"[9]라고 말합니다.

브로델이 활용했던 다른 모델로 '경제계économiemonde'를 들 수 있습니다. 그는 이 모델의 개념을 명확하게 정의하기보다는 그가 경제계라고 부르고자 하는 역사적 실체의 여러 가지 특징을 '경향적 규칙règles tendancielles'이라는 이름으로 나열할 뿐입니다. '경향적'이라는 수식어를 붙인 데서 알아챌 수 있듯이 경험적 사실, 즉 사료를 조사해보니 '대체로' 이러저러한 특징이 보이더라는 정도의 의미로 이해할 수 있을 것입니다. 그 내용을 보면, 첫째 경제계는 일정한 지리적 공간을 차지하며 그 공간의 한계를 이루는 울타리는 매우 천천히 변한다, 둘째 경제계에는 하나의 핵, 즉 중심이 존재하며 이 핵이 경제계 전체의 분업을 조직하는 힘을 행사한다, 셋째 경제계는 이 핵을 중심으로 생활수준의 높낮이가 갈리는 계층적 경제권(중심부, 중간부, 주변부)으로 분화된다는 것입니다.[10] 이러한 내용을 종합해서 굳이 경제계를 한마디로 정의하자면 '지리적으로 한정된 공간에서 그 자체로 하나의 세계를 이룬 경제권'이라고 할 수 있습니다. 하지만 이러한 특징을 하나하나 짚어보면, 브로델은 어떤 개념의 명확한 정의(여러 가지 특징 중에서도 정의적 특징)와 그 정의에서 파생되는 부차적 특징 사이의 선을 분명히 긋지 않습니다. 앞의 1절에서도 잠시 이야기했듯이 엄밀한 정의를 내리지 않으려는 그의 태도와도 관련이 있고, 대체적인 특징을 위주로, 즉 느슨한 모델을 기준으로 여러 각도에서 본 사료를 가능한 한 다양하게 담아보려는 태도와도 관련이 있어 보입니다. 앞서 설명했듯, 이러한 특징들이 가설이고 설명 체계라는 점에서 모델인 것인데, 브로델은 이 모델을 역사를 탐험하는 배로 삼아서 400~500년의 장구한 세월 동안 유럽 경제의 이모저모와 대조하면서 역사 기술을 다듬었을 것입니다.

이와 같이 브로델이 역사 기술에 활용하는 모델들이 엄밀한 개념 정의 면에서 느슨한 혹은 과소 결정된 것들이라는 점을 알아두는 것은 분량이 엄청난 그의 저서를 읽어나갈 때 유용한 지침이 될 수 있을 것입니다. 수학이나 경제학 혹은 사회학의 질서 정연한 개념 체계에 익숙한 독자라면 아마도 브로델의 방대한 저술을 따라가기가 힘들 것입니다. 그와 같은 질서 정연한 개념의 준거에 연연하지 않고 적어 나갔던 부분이 많기 때문입니다. 하지만 그가 운용하는 개념이나 모델의 융통성을 감안하고 읽어간다면, 군데군데 세세한 용어에 집착하는 대신 문맥 위주로 그가 말하고자 하는 취지를 읽어내기가 조금 더 용이할 것입니다.

따지고 보면, 브로델이 구조로서의 장기 지속과 단기적인 사건 사이에 '중기적' 시간대로 설정했던 '콩종크튀르conjoncture'도

엄밀한 정의 없이 등장하는 느슨한 모델입니다. 심지어 『물질문명과 자본주의』의 어느 대목에서는 콩종크튀르를 "지나간 과거에서 찾아낼 수 있을 뿐 설명할 수는 없는 것"[11]이라고 암시하기도 합니다. 콩종크튀르는 10년에서 50년 정도의 기간을 두고 오르내리는 (확장했다 수축하는) 경제·사회·문화상의 추세적 변동이나 순환을 가리킨다고 널리 알려져 있습니다. 하지만 브로델은 그러한 추세 변동이 왜 일어나는지, 추세의 변곡점과 길이는 어떻게 판단하는지, 추세 변동의 배후에서 작용하는 힘은 어떤 요인들인지에 대해 전혀 설명하지 않았다는 비판이 눈에 많이 뜨입니다.[12] 따라서 엄밀하게 보자면, 브로델이 역사적 시간대를 삼중 분할한 '장기 지속-콩종크튀르-사건'이라는 도식 역시 엄밀한 정의와 뒷받침을 갖추지 못한 느슨한 모델이라고 볼 수 있습니다. 아마도 브로델은, 어떤 구조가 장기 지속하는 동안 구조의 형태는 그대로 유지한 채 그 구조가 드러내는 장기적 운동의 모습을 읽어내기 위한 방편으로서 콩종크튀르라는 모델을 활용했던 게 아닌가 하는 생각이 듭니다.

그야 어찌 됐든, 브로델은 여러 가지 모델을 견주어본 끝에 14~15세기에서 18세기 사이 약 400년 동안 서유럽에서 장기 지속했던 구조를 발견합니다. 방금 예로 든 삼층집 모델과 경제계 모델 외에 그가 발견한 특징은 다음과 같은 것들입니다. 첫째, 수 세기가 흐르도록 취약한 인구 기반에 경제 활동이 의존했다는 점

(1350~1450년과 1630~1730년 사이에 나타났듯이 인구가 대폭 줄어드는 일이 벌어짐). 둘째, 수 세기가 흐르도록 수로 운송과 범선이 유통을 주도했고, 대륙 깊숙한 내륙은 경제 활동이 가로막혀 후진성을 면치 못했다는 점(즉 샹파뉴와 라이프치히 정기시처럼 일부 예외는 있지만 경제 활력은 거의 전부가 해안 지역에 집중됨). 셋째, 상인의 주도적 역할. 넷째, 금, 은, 동 금속 주화가 주도적 화폐 역할을 했다는 점. 다섯째, 계절적 농업 공황에 따른 고통. 여섯째, 경제생활의 밑바탕 자체가 매우 취약했다는 점. 일곱째, 지중해 동쪽 레반트 지역 무역(12~16세기), 식민지 무역(18세기) 등 한두 경로의 대외 무역이 커다란 역할을 수행했다는 점.[13]

브로델은 이러한 특징들이 서유럽에서 산업 자본주의가 자리 잡기 전 약 400년 동안 장기 지속했던 상업 자본주의의 주된 특징이라고 파악합니다. 이 오랜 세월 동안 여러 가지 변화가 많이 일어나서 유럽의 모습이 수도 없이 바뀌고 여러 가지 단절이 있었음에도, 서유럽의 경제생활은 18세기의 격변과 산업혁명을 맞기 전까지 이 장구한 시간 동안 상당한 일관성을 오래도록 유지했다고 파악합니다. 그러니까 일정한 구조가 장기 지속했던 역사적 시공을 발견한 셈입니다. 15~18세기 서유럽을 중심으로 하는 이 시공 속에서 자본주의란 것이 언제, 어디서, 어떻게 태어나게 되었는가 하는 것이 바로 본 『물질문명과 자본주의 읽기』에서 브로델이 펼쳐가는 이야기입니다.

4. 자본주의란 무엇인가? 기존의 시각을 뒤집다

삼층집 모델

브로델은 이렇게 약 400여 년 동안의 역사적 시공을 작업 공간으로 설정해두고 자본주의라는 것의 정체에 접근해 들어갑니다. 공간적으로는 서유럽을 중심으로 하되, 동유럽과 중국, 일본, 인도, 오스만 제국 등 이슬람 지역, 유럽의 식민지로 복속되었던 아메리카 대륙의 증거들도 상당 정도 활용합니다. 하지만 '자본주의란 무엇이다'라고 사전적 개념을 정밀하게 정의해두지 않은 채 그 실체를 어떻게 사냥할지 개략적인 거푸집을 마련해둔 듯합니다. 그걸 가지고 개념 혹은 모델과 실재 사이를 왔다 갔다 하는 연구를 오랫동안(1976년 강연에서 말하기를 20년 동안) 수행했던 것으로 보입니다. 앞 절에서 잠깐 이야기한 삼층집 모델이 그것입니다.

이 삼층집의 맨 아래층에는 삶의 가장 기초적 토대를 이루는 '물질생활'이 위치합니다. 1절의 인용문에서 봤듯이, 물질생활은 유구한 세월 동안 되풀이되어 일상적 습관처럼 되어버린 삶의 요소들, "우리 몸속의 내장처럼 깊숙한 곳에 흡수"되어 아무도 눈여겨보지 않을 만큼 당연하고 필수적인 일상생활의 요소가 되어버린 삶의 차원을 가리킵니다. 다른 시각에서 보면, 우리의 삶(혹은 사회생활이나 사회 시스템) 전체를 정치나 경제, 사회, 문화, 종교 등 여러 부문으로 나누어서 본다고 할 때, 그렇게 나누어 보기 곤란한 공통의 요소랄지, 그 모든 부문을 뒷받침하고 이어주는 밑바탕의 그 무엇이라고 할 수도 있습니다. 그래서 브로델은 물질생활을 '물질문명civilisation matérielle'이라고도 표현합니다. 이러한 삶의 차원들은 아무 말 없이 저절로 굴러가는 듯하지만, 이것 없이는 인류의 생존이 불가능한 토대라고 할 수 있습니다. 또 아주 오랜 세월 동안 장기 지속하면서 형성된 것들이 대부분입니다. 삼층집에서 일층에 위치함은 바로 그런 의미라고 이해할 수 있습니다. 브로델은 이러한 차원의 삶이 그가 연구했던 400여 년(대략 1400~1800년)의 역사적 시공에서 엄청난 비중을 차지하고 있었다고 봅니다. 쉽게 파악되지 않는 거대한 왕국이자, "거나란 역사의 공백"이라고도 표현합니다.

한편 인간이 가족이나 마을 단위에서 자급자족하며 사느냐, 아니면 교환하며 사느냐는 기준에서 보면, '물질생활'은 거의 다 자급자족에 가까운 사용가치의 세계라고 할 수 있습니다. 브로델은 자급자족에서 탈피해, "교환가치의 문지방을 넘으면서부터 경제가 시작된다"고 말합니다. 이때부터 물질생활의 거대한 등판을 딛고 '경제생활 vie économique'이 시작됩니다. 여기서부터 삼층집의 일층 위로 이층이 올라서기 시작합니다.

> 단순한 이미지를 이용해 말하자면, 『물질문명과 자본주의』 제2권에서는 물질생활(제1권의 주제)이라는 일층에서 그 위층들로 올라가기 시작합니다. 즉 내가 '경제생활'이라고 불렀던 높은 층들을 탐색합니다. 그리고 나서 가장 높은 층인 자본주의의 행동을 다루게 됩니다. 이처럼 여러 층으로 이루어진 집은 우리가 고려할 실재를 적절히 담아낼 수 있는 비유입니다. 물론 이런 단순한 이미지로 그 실재의 구체적 의미를 다 표현할 수는 없을 것입니다. (……) '물질생활'과 '경제생활'이 만나는 접촉면은 연속적이지 않습니다. 그 대신 이 두 세계는 무수하게 펼쳐진 소소한 접점들로 연결됩니다. 시장이나 좌판, 상점들이 그러한 접점들인데, 이 접점들을 경계로 두 세계가 나누어집니다. 한쪽에는 경제생활이 있고 (……) 다른 쪽에는 '물질생활', 즉 자급자족에 갇혀 있는 비非경제가 있습니다. 숙명적인 '교환가치'의 문지방을 넘어서면서부터 경제가 시작됩니다.14

위 인용문만 보자면 이 삼층집은 크게 보아 두 층, '물질생활'과 '경제생활'로 나뉩니다. 그리고 다음 그림의 (가)처럼 경제생활이 다시 '시장경제'와 '자본주의'로 나뉘는 모습입니다. 언뜻 보기에 경제생활의 말뜻이 시장경제보다 꽤나 넓어 보이고 자본주의란 것도 경제에 속하는 실체라고 보면 (가)의 모습처럼 삼층집 모델을 이해할 수 있습니다. 브로델은 자본주의와 시장경제를 전혀 다른 것으로 이해하는데, '경제생활'과 '시장경제'가 같은 뜻의 말인지는 분명하지 않은 듯합니다. 이 둘이 거의 같은 뜻이라고 보면 그림의 (나)처럼 삼층집 모델을 이해할 수도 있습니다. 본 역서 『물질문명과 자본주의 읽기』〈강의 1〉 3절에서 "이 교환 영역을 경제생활이라고 칭하여 물질생활과 '대조'하고 또 **자본주의**와도 '**구분**'하고자 한다"라고 말하는 대목을 보면, (나)와 같이 이해하는 게 맞는 것 같습니다. (즉 경제생활과 시장경제는 거의 같은 뜻이고 자본주의는 경제생활에 포함되지 않습니다—작은따옴표는 옮긴이) 하지만 '대조 opposer'와 '구분distinguer'이 다르다는 점을 고려하면, (가)와 같이 해석할 여지도 있습니다. (즉 자본주의가 경제생활에 포함되지만 경제생활 전부가 자본주의는 아니라고 이해해도 이 둘을 '구분'하는 셈입니다.)

브로델의 생각이 (가)였느냐, 아니면 (나)였느냐 하는 문제는 별로 중요하지 않을지도 모릅니다. 어떤 때는 (가)처럼 말하다가 또 어떤 때는 (나)처럼 말했을지도 모릅니다. 하지만 브로델은 아마도 (가)처럼 생각하기 시작했다가 갈수록 (나)처럼 생각하게 된 것인지도 모릅니다(이 맥락에 대해서는 나중에 다시 짚어보기로 합니

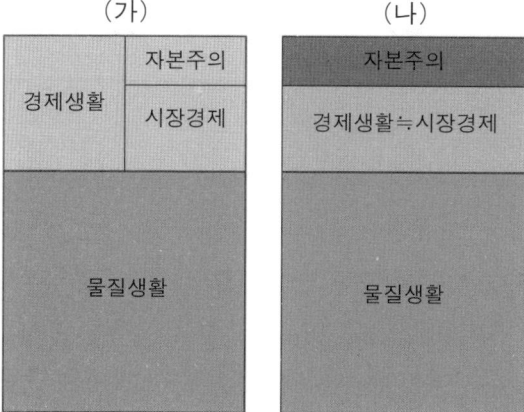

다). 어쨌든 분명한 것은 시장경제라는 이층과 자본주의라는 삼층은 전혀 다르다는 것입니다.

자본주의가 사는 곳: 그 태생과 시식지

브로델이 말하는 시장경제는 다수의 행위자들 사이에 경쟁의 힘이 작용하고, 그래서 이익도 웬만한 수준에서 일정한지라 쉽게 예상할 수 있고, 거래가 어떻게 진행되는지 (생산과 소비와 유통의) 행위자들이 거의 속속들이 알고 있을 만큼 '투명'한 영역입니다. 그래서 수요와 공급과 가격이 대체로 행위자들의 예상대로 움직여서 거의 놀랄 일이 생기지 않는 공간입니다. 브로델이 명시적으로 언급하지는 않았다고 하지만, 시장경제가 이처럼 투명하게 굴러가는 이유 중 하나는 역사적으로 애초부터 시장 참여자들을 규제하는 법규가 있었고, 그 행위자들이 시장을 형성하는 규칙을 준수해야 할 제도적·문화적 공간으로서 시장이 존재했다는 것입니다. 그러니까 브로델은 수요와 공급이 만나서 '순간적으로' 균형 가격이 결정되는 '추상적' 시장을 그가 설정한 역사적 시공에서 발견하지 못했습니다. 그와 같은 시장은 일부 경제학파가 상상하는 시장인데, 브로델은 처음부터 시장을 정치·사회·문화적으로 오랜 세월 동안 틀이 갖추어진 일정한 제도적 장치로 이해했다고 볼 수 있습니다.[15] 시장경제가 투명하게 굴러갈 수 있는 두 번째 이유는 그 참여자들이 특출한 권력을 지닌 존재가 아니라 시장을 규제하는 법규와 그 제도와 문화를 준수할 만한 고만고만한 행위자들이었다는 점입니다. 이러한 모양새의 시장경제에서는 서로 다른 여러 품목 혹은 산업의 시장들이 횡으로 쫙 퍼져서 서로 교류하고 흥정하고 팽팽히 경쟁하는 관계가 항상 작용한다는 것입니다. 따라서 수요와 공급과 가격이 일정 정도 자동적인 움직임을 보인다는 것입니다. 그가 예로 드는 그러한 행위자들에는 읍 단위의 소소한 장이라든가, 도시권의 정기시나 상점, 행상에 참여하는 사람들이 속합니다. 또한 거래 규모가 꽤 큰 국제 무역이라도 북유럽의 단치히에서 남유럽으로 수출하는 곡물이라든가, 남유럽에서 북유럽으로 향하는 포도주나 올리브기름처럼 오랫동안 일상화된 거래도 해당됩니다.

이 같은 시장경제의 모습은 브로델이 크게 대별하는 교환의 두 가지 유형 중 첫 번째 유형입니다. 그가 보기에 시장경제가 돌아가게 하는 교환 영역은 사회의 다른 영역과 마찬가지로 수직적 위계가 갖추어진 곳인데, 대체로 아래층에 속하는 동네에서는 방금 묘사한 시장경제의 모습처럼 투명한 경쟁이 이루어집니다. 그 수직 사다리의 위로 올라갈수록 이러한 시장경제와는 성격을 달리하는 교환의 영역이 펼쳐진다는 것이 브로델의 논점입니다. 즉 이 상층 영역에서는 소수의 '덩치 큰 선수들'이 영악한 술수와 힘을 휘두르며 법규와 규범을 우회하거나 무시하고 높은 이익을 독차지한다는 것입니다. 브로델은 경쟁의 힘이 작용하지 않는 이 별세상 같은 교환의 상층부를 '반反시장(contre-marché, anti-market)'이라고 부릅니다. 그러한 영역의 활동을 도저히 시장경제로 봐줄 수도 없을 뿐 아니라, 경쟁과 규범이 아니라 독점과 지배가 힘을 행사하는 곳이니 시장경제와는 정반대라는 이야기입니다. 바로 이 영역이 "예나 지금이나, 산업혁명 이전이나 이후나 자본주의란 실체가 존재하는 곳"16이라고 말합니다.

    그가 400여 년의 역사적 시공에서 발견한 그 같은 '덩치 큰 선수들'은 소매 거래 따위는 신경 쓰지 않는 거상(대형 도매상)들이고, 그들이 서식했던 대표적인 반시장은 유럽에서 아메리카 신대륙과 인도, 중국 등지를 오가며 거래하는 원거리 무역이었습니다. 상인들, 특히 거상이 행사하는 경제적 힘의 원천은 간략히 두 가지라고 브로델은 이 책 『물질문명과 자본주의 읽기』에서 제시합니다. 하나는 생산자와 최종 소비자 사이에 끼어들어 양쪽의 관계를 끊어놓게 됨에 따라 양자의 사정을 다 아는 상인이 이익을 챙긴다는 점이고, 다른 하나는 현금과 신용을 많이 동원할 수 있는 자금력입니다. 자금력도 중요하지만, 첫 번째 원천이 더욱 중요해 보입니다. "이런 식으로 생산과 소비 사이에 긴 상거래 망이 형성되는데 (……) 이러한 상거래 망이 장거리로 늘어나게 되면, 그만큼 통상적 규제와 간섭에서 벗어나기가 더욱 쉬워지고, 자본주의적 과정이 더욱 선명하게 발생하게 된다"고 말하고, 바로 이어서 "원거리 무역에서 자본주의적 과정이 뚜렷하게 나타난다"고 지적합니다.[17] 15~18세기 때 원거리 무역은 아무나 참여할 수 없는 사업이었고, 그로 말미암아 엄청난(보통 200퍼센트나 그 이상에 달했던) 이익이 소수의 거상들에게 집중됨에 따라 자본이 빠른 속도로 축적되었다는 것입니다.

이러한 순서로 흘러가는 브로델의 서술을 보면, '생산과 소비 사이의 상거래 망이 (……) 장거리로 늘어나는' 사태는 15~18세기 당시 원거리 무역이라는 사업의 물리적 특징에만 주목하는 것 같습니다. 하지만 달리 생각해보면, 생산과 소비 사이의 '거리'라는 것을 경쟁을 무력화시킨다는—즉 물리적 의미보다도 경제적인—의미로 이해할 수도 있습니다. 즉 일반적 시장에서의 경쟁은 세 가지(생산자와 생산자 사이의 경쟁, 소비자와 소비자 사이의 경쟁, 또 생산자와 소비자 사이의 경쟁) 각도에서 벌어지는데, 그 '거리'가 길어지면 생산자와 소비자 사이에 작용하는 경쟁의 힘은 사라지고,

그 빈자리에 상인의 힘이 발생합니다. 따라서 상인은 생산자들과 마주할 때는 그들끼리 경쟁하도록(혹은 단합하지 못하도록) 만들어서 가격을 후려칠 여지가 생길 수 있고, 소비자들과 마주할 때는 그들끼리 경쟁하도록(혹은 단합하지 못하도록) 만들어서 바가지를 씌울 수도 있게 됩니다. 이렇게 생각하면, 상인이 생산자와 소비자 사이에 끼어들어서 발생하는(혹은 형성하는) '거리'는 물리적 특징을 뜻한다기보다 **독점**(아무나 참여할 수 없다)과 **독점 이윤**(소수에게 이익이 집중)을 뜻하는 좀 더 일반적인 의미로 이해할 수도 있을 것입니다. 게다가 브로델이 관찰했던 역사상의 거상들은 웬만한 상인이 아니라 군주에게 전쟁 자금을 빌려주기도 했던 사회적 위계의 상층에 위치한(혹은 상층을 향해 쉴 새 없이 달려가는) 거상들이었고, 그들이 원거리 무역을 위해 바다에 띄우던 범선에는 대포가 장착되어 있었습니다. 오늘날의 자본가들이 대포를 장착한 커다란 돛단배를 타고 다닐 리야 없겠지만, 그들의 후예는 그 옛날의 원거리 무역에 버금가는 고수익의 첨단 산업과 금융 산업의 '세계화'를 조직하며 우리 범인들의 '눈에는 보이지 않는' 대포를 활용하는 것은 아닐까요? 브로델이 말하듯, 역사를 과거와 현재 그리고 현재와 과거의 변증법이라고 이해한다면 그러한 생각을 하게 됩니다. 그야 어찌 됐든 브로델이 관찰한 역사적 시공의 자본가들의 힘이 경제적 힘에 머물지 않았다는 것은 당연한 이야기입니다.

이렇게 '반시장'의 영역에서 행동하는 거상, 즉 상인 자본가들의 특징으로 브로델은 다섯 가지를 꼽습니다. 첫째 군주와 가까운 사이였고 국가에 협조하고 국가를 이용하는 존재였다, 둘째 아주 이른 시기부터 국가의 경계를 넘어서 활동했다, 셋째 그들의 잇속을 위해 게임을 왜곡할 수천 가지 방법을 활용할 수 있었다, 즉 신용을 조작하는 데 더하여 양화良貨를 악화惡貨로 바꿔치서 한순간에 거대한 차익을 남기는 한편, 남의 노동을 활용하기 위해 소소한 임금이나 물건 값을 치를 때는 동화銅貨와 같은 질이 떨어지는 악화를 이용해서 경비를 절감했다, 넷째 지식, 정보, 문화 면에서 누리는 우위를 바탕으로 주변에서 값나가는 것이면 무엇이든 사들여 장악했다, 즉 토지를 사들여 지대 수입을 챙기고 도시 부동산에 투기하는가 하면, 15~16세기 광산 투기에 나설 때처럼 산업 분야로도 손을 뻗었다는 것입니다. 이렇게 행동하는 상인 자본가들은 독점권을 장악한다든지, 경쟁의 틈새가 새로 생기더라도 그 싹을 잘라버리는 막강한 힘을 행사했다고 브로델은 생각합니다. 이러한 힘을 배경으로 이들의 다섯 번째 특징이 나타납니다. 즉 교환 영역의 상층부에 있는 상인 자본가들은 높은 이익이 발생하는 분야라면 닥치는 대로 뛰어들었으며 전문화하지 않았다는 점입니다. 본 『물질문명과 자본주의 읽기』의 〈강의 2〉 3절을 보면 그 이유에 대한 흥미로운 주장을 찾아볼 수 있습니다.

　위에서 살펴본 브로델의 생각에서 그가 말하는 자본주의란 것의 특징을 생각해볼 수 있습니다.

첫째, 사회 구성체로 표현하든 아니면 사회 시스템이라고 표현하든 간에, 인간의 사회적 활동은 하나의 유기적 전체를 이루고 있다고 카를 마르크스는 보았습니다. 그 유기적 전체를 지탱하는 하부구조infrastructure는 생산력과 사회적 생산관계가 결합된 '생산양식'이며, 자본주의를 다른 사회 시스템과 구별해주는 본질은 바로 그 생산양식에 있다는 게 마르크스의 생각입니다. 즉 마르크스가 보기에 자본주의란 실체의 맥박이 뛰는 곳은 사회 시스템의 하부구조에 있습니다. 이와 반대로 브로델은 자본주의란 실체가 존재하는 곳은 사회 시스템의 꼭대기, 상부구조superstructure라고 생각합니다. 그러니까 브로델은 마르크스나 그 추종자들이 생각하던 방식을 완전히 뒤집어 놓은 셈입니다.

둘째, 마르크스 경제학에서든 아니면 자유주의 경제학에서든, 자본주의는 경쟁이 자유롭게 작용하는 시장에 바탕을 두고 있다고 생각합니다. 그들 모두 일반적인 것은 이 같은 자유경쟁 시장이며, 독점은 비정상적이거나 특수한 형태일 뿐이라고 취급합니다. 브로델은 이와 반대로 생각합니다. 즉 장기 지속하는 역사를 봤더니 자본주의는 경쟁에 바탕을 두기는커녕 경쟁을 없애는 '반시장'에 바탕을 두고 있다는 것입니다. 이 내용 역시 좌우파 경제학 교과서의 내용을 뒤집어놓은 셈입니다. 즉 독점은 경쟁의 특수한 형태가 아니며, 독점과 경쟁은 규칙도 다르고 행위자도 다른, 전혀 다른 세상이라는 이야기입니다. 이러한 브로델의 견해에 대해서, 『서구의 발흥』과 『전염병과 인류의 역사』 등 역작을 남긴 미국의 유명한 역사가 윌리엄 맥닐은 독점은 생겼다가 사라졌다 하는 그저 일시적인 현상일 뿐이라고 비판합니다. 또 자본가들끼리도 경쟁이 있고, 운송과 통신의 격차를 이용하는 지역 시장의 소소한 상점들의 독점도 있으니 자본주의와 시장경제를 구분하는 것은 설득력이 없다고 반박합니다.[18] 1985년에 숨을 거둔 브로델은 이 내용을 읽지는 못했지만, 그해 샤토발롱에서 사흘 동안 진행된 "주르네 페르낭 브로델"[19]에서 이 반박 논리를 반박하는 말을 남겼습니다. "자본주의는 상부구조의 현상이며, 소수의 현상이고, 높은 곳의 현상입니다. 자본주의의 특권과 우위는 늘 선택할 여지를 누린다는 것입니다. 독점이 사라졌다고요? 그렇다면 다른 걸 찾으면 됩니다. 할아버지와 아버지의 자본주의는 죽었을지 모르지만, 아들과 손자의 자본주의는 계속 이어갑니다."[20] 그러니까 숨을 거두기까지 자본주의에 대한 그의 생각에는 전혀 변함이 없었다고 볼 수 있습니다.

자본주의란 무엇인가?

그런데 이상한 것이, 브로델이 '정의'하는 자본주의 개념은 상당히 모호합니다. 총 세 권(한국어 번역서로는 여섯 권)에 걸친 『물질문명과 자본주의』에서 브로델은 자본주의를 한 번도 분명하게 정의하지 않았다는 의견도 있습니다.[21] 앞에서 설명한 삼층집 모델에서 최상층은 자본주의가 존재 혹은 활동하는 위치나 층위를 가리키는 것이지, '자본주의는 무엇이다'라고 딱 부러진 정의를 담고 있는 것은 아닙니다. 브로델은 또 이런 식으로도 말합니다. "이익이 콸콸 쏟아지는 고전압이 흐르는 곳, 예나 지금이나 바로 그러한 곳에서만 자본주의가 존재한다."[22] 또 이렇게 말합니다. "예나 지금이나, 산업혁명 이전이나 이후나 반시장이야말로 자본주의란 실체가 존재하는 곳이다."[23] 또 본 『물질문명과 자본주의 읽기』에서는 이렇게도 말합니다. "자본주의적 과정은 원거리 무역에서 뚜렷하게 나타난다", "자본주의란 것은 본질적으로 가장 높은 곳의 경제 활동에서 비롯된다", "자본주의는 물질생활과 촘촘한 시장경제를 겹으로 깔고 앉아, 높은 수익이 나는 영역을 대변한다".[24]

그러니까 자본주의라는 실체가 어디어디에 '있다there is' 든가 어떤 영역에 '존재한다 혹은 위치한다se situer' 든가 '대변한다 représenter' 든가, 어떤 활동에서 '비롯된다dériver' 든가 '나타난다 émerger' 고 말하기는 하지만, '무엇이다' 라고 말하지는 않습니다. 앞의 해제의 1절에서 보았듯이, 여기에서도 엄밀한 정의를 피하려는 그의 태도가 잘 드러납니다. 하지만 자본주의에 대한 명확한 정의를 피했던 데는 이 같은 그의 성향 외에도 다른 복잡한 문제가 있었던 것 같습니다. 왜 그랬을까?

우선, 1950~1960년대 브로델이 지도자적 위치에서 《아날》과 고등학술연구원 제6부를 지휘할 당시 프랑스에서는 마르크스주의, 실존주의, 구조주의 등 여러 이론들 사이의 논쟁이 대단했습니다. 브로델은 그 자신의 역사 기술 자체도 커다란 논쟁거리였기 때문에 아마도 개념과 논리만을 따지는 이론적 논쟁은 불필요하다고 여겨서 신중하게 회피했던 것인지도 모릅니다. 특히 『물질문명과 자본주의』의 서문에서는 "온갖 이론의 세계 밖에서 서술하기로 마음먹었으며, 오로지 구체적 관찰과 비교사적 연구만을 지침으로 삼기로 했다"고 분명하게 선언하기도 했습니다. 그도 그럴 것이, 프랑스 공산당 인사들 중에는 에릭 홉스봄을 비롯한 영국의 마르크스주의 역사가들더러 반동주의자들인 《아날》과 협력한다며 비판하는 사람도 있었다고 합니다.[25] 사정이 이러하니 이론 논쟁의 핵이 될 게 분명한 자본주의의 개념 정의를 애써 회피했을 만도 합니다.

그렇다고 그가 이론적 사고를 기피했던 사람이라고 보기는 어렵습니다. 브로델은 역사학을 전공하면서도 다른 사회과학의 활발한 흡수와 교류를 주장했고 사회학, 경제학, 인류학 등 실로 엄청난 공부를 했던 사람입니다. 또한 수학 교사였던 아버지 밑에서 자라서 수학에도 조예가 깊었다고 합니다. 그러니 그의 머릿속에서는 다른 사회과학에서 다루는 개념을 충분히 고려했을 것입니다. 하지만 자신의 역사 서술에는 이론을 활용할 필요가 없다고, 더 나아가 역사이론이란 것 자체가 필요 없다고 생각했을 수도 있습니다. 어쩌면 15~18세기 400년의 역사적 시공을 자신의 작업 마당으로 설정해두고, 거기서 발견하는 사실만을 이야기하자고 마음먹었던 것인지도 모릅니다.

그러한 사정이야 어찌 되었든, 자본주의를 보는 브로델의 개념은 뭐라고 잘라 말하기가 곤란합니다. 그렇다고 브로델이 자본주의의 개념 없이 그냥 현상만을 나열했을 뿐이라고 말할 수 있을까요? 그가 보는 자본주의 개념을 비추어보기에 적절한 인용문 한두 절을 살펴봅니다.

> 최악의 오류는 자본주의를 '경제 시스템'이라고만 여기고 그 이상은 아니라고 생각하는 것입니다. 하지만 자본주의는 **사회 질서**를 이용해 생존하고, 애초부터 육중한 상대자였던 국가와 (거의) 대등한 지위에서 맞서기도 하고 공모하기도 하는 존재입니다. 또 사회 구조를 지탱해주는 **문화**의 역할도 이용합니다. 왜냐하면 문화란 것이 서로 상충하는 조류로 나뉘고 불평능하게 분포하더라도, 종국적으로는 기존 질서를 떠받치는 것이 그 본연의 역할이기 때문입니다. 자본주의는 또한 여러 **지배 계급**과도 결탁합니다. 지배 계급은 자본주의를 방어함으로써 자신을 방어하게 되니까요.[26] (강조는 옮긴이)

그러니까 경제에 국한된 시스템으로만 자본주의를 이해해서는 곤란하다는 말입니다. 그리고 본 역서의 〈강의 2〉에서도 이와 비슷한 생각을 제시합니다.

소수의 특권으로서 존재하는 자본주의가 사회와 능동적으로 공모하지 않고 존재한다는 것은 생각할 수 없습니다. 자본주의는 필연적으로 사회 질서의 한 실재이고, 정치 질서의 한 실재이기도 하며, 문명의 한 실재이기도 합니다. (……) 고도로 분화된 사회는 모두 여러 가지 '집합'으로 나뉘게 됩니다. 경제 영역, 정치 영역, 문화 영역, 사회적 위계의 영역과 같이 구분되는 작은 '집합'들이 사회 전체를 구성하는 것이지요. 경제는 자신과 다른 '집합'과의 관계 속에서만 이해될 수 있을 것입니다. 왜냐하면 경제는 다른 '집합'들 속으로 스며들기도 하고, 인접한 다른 '집합'들에게 자신의 문을 열어주기도 하기 때문입니다. 작용이 생기고 또 반작용도 생기는 것이지요. 자본주의는 경제 영역의 한 부분을 차지하는 특수한 형태입니다. 그 실체는 인접한 영역과 그 영역들에 침투한 모습을 비추어 보지 않고는 충분히 설명될 수 없을 것이고, 그때에야 자본주의의 진정한 모습이 드러날 것입니다.

예를 들어 근대 국가는 자본주의를 만들어낸 모태가 아니라 자본주의를 물려받았을 뿐입니다. 그래서 자본주의에 우호적일 때도 있었고, 적대적일 때도 있었습니다. 또 자본주의가 팽창하도록 내버려두는 경우도 있었지만, 머리를 드는 자본주의를 파괴하기도 했습니다. 자본주의는 국가와 한 몸을 이룰 때에만, 즉 자본주의가 국가가 될 때에만 승리합니다.[27] (강조는 옮긴이)

그러니까 이 말은 '자본주의는 경제 영역에 속하는 형태이지만, 사회의 다양한 영역 속으로 침투해서 그것들과 결합하는 방식으로만 존재하는 실체'라는 주장이라고 이해할 수 있습니다. 이러한 서술이나 발언의 흔적들을 살펴보면, 자본주의의 실체를 파악하고 표현하는 데 브로델이 얼마나 곤혹스러워했는가를 짐작할 수 있습니다. 그가 "자본주의는 머리가 백 개쯤 달린 변화무쌍한 히드라 같은 존재"[28]라고 말했던 것도 이러한 이유 때문이 아닌가 짐작됩니다. 또 바로 앞 소절에서 인용했던 1985년 샤토발롱에서의 발언을 보면, 자본주의는 "상부구조의 현상이며, 소수의 현상이고, 높은 곳의 현상"이라고 했습니다. 여기서 '현상'이라는 술어를 썼다는 데 주목합니다. 또 다른 곳에서는 자본주의를 '행동'이라는 술어로, 또 어떤 곳에서는 다양한 술어들을 썼을 것입니다. 이러한 생각을 종합해볼 때, 다음과 같은 생각이 자본주의를 이해하는 브로델의 '정의 아닌 정의'가 아닌가 하는 생각이 듭니다.

자본주의는 물질생활과 시장경제를 자신의 존재 기반으로 깔고 앉아 독점으로 높은 이익을 추구하는 무언가의 활동이다. 그러기 위해 기존의 사회 질서와 위계, 국가, 문화 등 온갖 영역에 침투하여 무언가의 사회적 구조물을 만들어 그와 결합해 존재하는 실체다. 지금까지 여러 가지 사회적 구조물 혹은 사회 시스템을 아무리 살펴봐도 그 구조 자체를 정의해서는 자본주의란 '괴물'의 실체를 정의하기 어렵더라. 더욱이 물질생활과 시장경제가 변해가는 추세에 맞추어 자본주의는 새로운 모습을 드러낼 것이다. 또 자본주의가 만들어갈 사회적 구조물도 그에 따라 변할 것이다. 그러니 자본주의는 그러한 구조물을 형성하고 지배하는 무언가 사회 최상층의 존재가 아닌가.

이렇게 이해한다면, 브로델은 본 해제 4절의 첫 소절에서 살펴본 삼층집 모델의 그림 중 (가)보다는 (나)에 가까운 생각을 하고 있었다고 볼 수 있습니다. 어쩌면 처음에는 (가)처럼 생각했다가 점점 (나)처럼 이해하게 되었다고도 볼 수 있을지도 모릅니다. 경제생활을 시장경제보다 훨씬 넓은 개념으로 이해하더라도 자본주의란 것은 그 꼭대기에 올라앉아 독점을 향유하는 실체라고 이해할 수 있을 듯합니다. 가령 거의 사라졌던 농노제가 16세기 동유럽에서 다시 형성되어 그 영주들이 서유럽 자본가들에게 곡물을 수출하는 현상(재판 농노제second serfdom)이 벌어졌는데, '농노를 지배하는 영주는 봉건 영주인가, 자본가인가?' 이런 질문을 한다면, 브로델은 자본가라고 답했을 것입니다. 또 유럽인들이 아메리카 신대륙을 발견하고 그곳에 노예제에 가까운 형태로 구축한 '플랜테이션 농장의 소유주는 어떤 존재인가?' 이런 질문에 대해서도 브로델은 자본가라고 답했을 것입니다. 본 역서 〈강의 3〉의 마지막 부분에서도 그와 같은 자본주의의 특징을 강조합니다. "자본주의의 특징과 강점은 이 술수에서 저 술수로, 이러한 행태에서 저러한 행태로 변화하는 능력입니다. 또 변화하는 국면에 따라 수도 없이 새로운 방법을 강구하는 것도 자본주의의 특징이자 강점이고, 그러한 변화무쌍함의 와중에도 비교적 자본주의에 고유한 본질에 충실하고 유사한 상태를 유지하는 능력 또한 자본주의의 특징이자 강점입니다."

만약 마르크스주의자(들)이 브로델에게 "당신은 자본주의가 어떤 생산양식이라고 정의하는가?"라고 물었다면, 브로델은 아마도 이렇게 답했을지도 모릅니다. "자본주의는 어떤 생산양식이라기보다 어떤 생산양식이든 가리지 않고 결합하고 변형시켜서 높은 이익을 가져가기 위해 독점을 구현하는 존재가 아닐까요? 그와 같은 카멜레온이나 히드라 같은 존재 말입니다"라고 말했을지도 모릅니다.

다시 생각해봐야 할 브로델

우선, 브로델의 삼층집 모델에 대해서 자본주의를 시장경제와 구분하는 것은 잘못된 것이라고 비판하는 견해가 많은 것으로 보입니다. 하지만 이러한 견해들은 대부분 각자가 마음속에 품고 있는 자본주의에 대한 '정의'와 다르니 수용할 수 없다고 하는, 비판이라기보다 거부하는 입장에 가까운 게 아닌가 하는 생각을 하게 됩니다. 자본주의든, 사회주의든, 아니면 그 무슨 주의가 됐든 간에 개념이란 것은 명시적이든 암묵적이든 그 개념을 포함한 설명체계 전체의 설명력을 충분히 고려한 뒤에 판단해야 옳을 것입니다. 브로델은 분명히 시장경제를 자본주의의 전제 조건으로 파악합니다. 하지만 시장경제 속에서—브로델 식의 생각을 따르면, 시장경제 위에서—그를 지배하는 존재가 자본주의라고 생각합니다. 이렇게 시작해서 구축되는 일종의 설명 '체계'를 처음부터 거부할 이유는 없지 않은가 생각됩니다.

둘째, 브로델이 유통을 중시하는 반면 생산을 무시한다고 생각하는 견해도 있습니다. 이것은 자본주의의 실체를 파악할 때 생산보다는 유통 위주로 파악하는 것 아니냐는 견해이기도 합니다. 브로델이 원거리 무역이나 상인 자본 중심으로 이야기하고 또 '교환'의 상층부에 존재하는 '반시장'이 자본주의가 존재하는 핵심적인 영역이라고 이야기하고 있으니 그렇기도 합니다. 그렇다고 브로델을 '유통주의자'라고 비판하는 견해가 적절한지에 대해서는 좀 의문이 듭니다. 왜냐하면 생산과 유통을 대비함은 경제 활동을 생산, 유통, 분배, 소비로 나누어 보기에 가능한 것인데, 경제 영역만을 무언가의 전체로 간주하고 그중에서 생산이 중요하다는 이야기이냐 유통이 중요하다는 이야기이냐는 식의 태도로 볼 수 있기 때문입니다. 브로델은 이러한 경제 영역의 활동만을 이야기하는게 아니라 정치, 경제, 문화, 사회 각 영역에 침투해 들어가 존재하는 자본주의의 전체상을 파악해야 한다는 입장입니다. 이처럼 더 넓은 구조의 견지에서 생각하는 것이라면, 유통주의자라고 브로델을 비판하는 사람들을 역으로 '경제주의자'라고 비판할 수 있을지도 모를 일입니다. 이러한 구조주의적 견지와 인식의 기준에 대해서 더 생각해볼 거리가 있을 듯합니다.

물론 그가 명확한 언어로 정의하지 않은 자본주의라는 것이 '유통' 영역의 '반시장', 즉 독점에 의존하는 것은 분명합니다. 아마도 브로델은, 자본주의는 생산, 유통, 분배, 소비 영역 어디나 들락거리며 독점과 고이윤을 추구하는 것이지, 어느 한 영역이 자본주의 본연의 영역은 아니라고 생각했을지도 모릅니다. 다만 '15~18세기의 역사적 시공을 관찰해보니 유통 영역, 그중에서도 상층부의 유통에서 자본주의가 태동했다'는 것이 그의 생각일 것입니다. 이 기간에는 생산 영역에서 큰 이익이 나오지 않았기 때문에 자본이 거의 그리로 들어가지 않았으며, 산업혁명 이후 산업의 생산성과 이윤이 자리를 잡아가자 마침내 생산 영역으로 자본주의가 침투하게 되었다는 게 그의 견해라고 볼 수 있습니다. 본 역서에서는 다음과 같이 절묘하게 표현합니다. 자신이 관찰한 역사적 시공에서 자본주의는 "자신의 고유한 요소들을 스스로 번식해가는 독자적인 '생산양식'을 만들어내지는 못했다."[29] 이 언급에서도 브로델은 자본주의라는 것은 (자신이 따옴표 쳐서 표현한) 생산양식 안에 존재하는 것이 아니라 그 밖에서 존재하는 것이라는 생각을 드러냅니다. 브로델 식으로 말하자면, 자본주의는 생산양식의 바깥보다는 위에 존재하면서 생산양식을 지배하고 조종하는 존재, 즉 그가 말하는 최상층의 존재일 것입니다.

셋째, 따라서 브로델은 19세기 들어 자리를 잡게 된 산업 자본주의가 '진짜' 자본주의이고 이전의 상업 자본주의는 '가짜' 자본주의라고 생각하는 시각에 반대합니다. 상업 자본주의가 아닌 자본주의는 없으며, 19세기 이전이든 이후이든 19세기 중에든 금융 자본주의, 산업 자본주의, 상업 자본주의는 늘 함께 존재하는 것이라고 말합니다. 어디에서 높은 이익이 발생하느냐에 따라서 자본주의가 돌아가는 우선적 분야나 투자가 변할 뿐이라는 것입니다. 또한 본 역서에서도 "자유경쟁이 지배적이었던 예전의 자본주의는 상품의 수출이 특징이었지만, 독점이 지배하는 지금의 자본주의는 자본의 수출이 특징이다"라고 주장했던 20세기 초 레닌의 견해노 비판합니다. 즉 자본주의는 언제나 독점적이었으며 상품과 자본은 늘 같이 돌아다녔고, 20세기에 들어서기 오래전부터 자본 수출은 일상적이었을 뿐 아니라, 18세기에 이미 자본이 유럽과 세계를 휘젓고 다녔다고 지적합니다.

넷째, 해제 3절에서 잠시 언급했던 '경제계économie-monde(經濟界)'는 브로델이 초반의 주저 『지중해』를 저술할 때 다루기 시작한 개념입니다. 후반의 주저 『물질문명과 자본주의』에서 15~18세기의 자본주의를 분석할 때 도입한 삼층집 모델과 함께 생각해보면, 삼층집 모델을 지리적 공간에 횡적으로 펼치고 그 공간에 '중심부-중간부-주변부'라는 계층적인 지배·종속 관계를 더한 것이 경제계 모델이라고 이해할 수 있습니다. 즉 중심부에도 자본주의-시장경제-물질생활의 삼층집이 있고, 중간부와 주변부에도 각각 삼층집이 있다고 이해할 수 있습니다. 브로델의 논의를 따라가다 보면, 결국 중심부의 최상층에 위치한 자본주의가 경제계 전체를 조직하는 힘을 발휘하는 곳이 됩니다. 사실 이러한 브로델의 경제계 모델은 임마누엘 월러스틴이 개척한 세계체제 분석 world-systems analysis의 원류를 이룹니다. 14~15세기에서 18세기 즈음까지 유럽 경제계의 중심이 이동하는 과정에 대해 브로델이 기술하는 내용을 어떻게 이해하느냐 하는 문제는 세계체제에 대한 여러 가지 이론을 이해하는 데 매우 중요해 보입니다.[30]

그리고 브로델의 용어 'économie-monde'를 '세계-경제'로 번역하지 않고 '경제계'로 번역한 사정에 대해서는 본 역서, 〈강의 3〉의 1절에 언급한 '옮긴이 주'를 참고하시기 바랍니다.

5. 『물질문명과 자본주의 읽기』: 1976년 존스홉킨스 대학교 강연

『물질문명과 자본주의 읽기』는 페르낭 브로델이 1976년 미국 존스홉킨스 대학교에서 세 번에 걸쳐 강연한 내용을 엮은 것입니다. 이 프랑스어 강연 원고를 토대로 1977년에 영역본이 먼저 출간되었고, 지금 출판하는 한국어판 번역서의 프랑스어 원저는 1985년에야 출간되었습니다. 간혹 이 강연의 영문 원고가 먼저 원저로 출판되었고, 영어 원저를 프랑스어로 옮긴 번역본이 뒤늦게 1985년에 출판되었다는 이야기가 국내에 있지만, 브로델이 본 역서의 프랑스어 원저에서 저자 일러두기 중에 말하길, "강연 당시의 원고를 아무 수정 없이 그대로 내는 것"이며 "이 강연 원고를 영어로 번역해 『물질문명과 자본주의에 대한 부언Afterthoughts on Material Civilization and Capitalism』이라는 제목으로 출간했다"고 밝히고 있습니다. 그 밖의 다른 문건에서도 이 강연의 프랑스어 원본이 영역본보다 뒤늦은 1985년 『자본주의의 동학La dynamique du capitalisme』이라는 제목으로 출간되었다는 언급이 보입니다.[31]

강연을 하고 나서 거의 10년이 지나서야 프랑스어 원본이 출간됐다는 사실을 보면, 브로델은 강연 내용을 책으로 낼 생각이 없었다고 볼 수 있습니다. 그 이유야 정확히 알 수 없지만, 대충 짐작해볼 수 있습니다. 강연은 브로델의 대표 저작 중 하나인 『물질문명과 자본주의』의 개요를 구두로 설명하는 자리였는데, 정작 이 책이 3부작으로 완간된 것은 강연 후 3년이 지난 1979년이었기 때문에 책을 제대로 선보이기 전에 요약본부터 낸다는 게 적절하지 않다고 보았을지 모릅니다. 한편, 3부작의 1권 초판이 1967년에 출판되었는데, 이 책의 영역본이 『자본주의와 물질생활 1400~1800 Capitalism and material life, 1400~1800』[32]이라는 제목으로 1975년에 출판됐습니다. 따라서 본 강연을 영어로 옮긴 영역본의 제목에 '부언'이라는 말이 들어가는 이유는 이 영역본에 부언한다는 의미라고 볼 수 있습니다. 그러니까 이 영역본에 대해서는 사후에 말하는 부언인 셈이고, 1979년 프랑스어 재판에 대해서는 사실상 '저술 계획서'의 요약본인 셈입니다.

브로델이 여러 가지 개념을 정밀하게 정의하지 않은 채 다양한 사료를 기반으로 방대한 분량을 저술한 학자라는 점을 고려하면,

제한된 시간 내에 자신의 생각을 구두로 설명하기 위한 강연 원고가 본인의 생각을 좀 더 선명하게 드러내주는 서술이라고 볼 수 있습니다. 예를 들어 본 강연의 결론을 내는 끝부분에서 그가 왜 그리도 시장경제와 자본주의의 구분을 중요시했는지 그가 생각하는 솔직한 생각이 드러납니다. 또 강연의 두 번째 강의 끝부분에서도 자본주의는 '밤의 손님'이라고 말하는 대목에서 의미심장한 언급이 등장합니다. 즉 유구한 세월 동안 소수의 사람들만이 특권을 누리고 나머지 대다수가 특권에서 배제되는 "수직적 위계라는 문제 자체는 자본주의 너머의 문제이고, 자본주의를 초월하는 문제이며, 자본주의가 출현하기에 앞서 존재하며 자본주의를 통세했다"고 지적하면서, "『물질문명과 자본주의』에서 아무 결론도 내리지 않은 채 길게 풀어가는 이야기는 바로 이런 문제들을 염두에 두고 적었던 것"이라고 술회합니다.

그동안 우리나라 독자들이 방대한 브로델의 저술을 앞뒤를 따져가면서 이해하기가 수월하지 않았다는 점을 고려할 때, 짤막한 분량으로 브로델 본인이 집약적으로 언술한 본 역서가 그의 사상을 이해하는 데 적지 않은 도움이 될 것입니다. 또한 서구 언어권에서도 본 역서의 원저와 그 번역본은 『물질문명과 자본주의』 원저 못지않게 자주 인용될 뿐 아니라, 경제사회학 분야를 비롯한 여러 강의나 세미나에 필수 교재로 오를 정도로 중요한 자료로 취급되는 만큼 본 역서가 적지 않은 지식의 공백을 메워줄 것으로 기대합니다.

옮긴이의 말

브로델이 프랑스 국경을 넘어 역사학의 세계적 거장으로 알려질 즈음인 1976년, 그가 미국 존스홉킨스 대학교에서 강연한 원고를 엮은 책이다. 이 강연에서 브로델은 심혈을 기울여 저술 중이던 '장기지속으로서의 자본주의' 연구의 결정판 『물질문명과 자본주의』를 이 책의 구조에 따라 세 차례로 나누어 구두로 설명한다. 프랑스에서는 그가 숨을 거둔 1985년 『자본주의의 동학(La dynamique du capitalisme)』이라는 제목으로 처음으로 출간됐고, 지금도 브로델의 역사학, 시장과 자본주의를 보는 그의 관점을 이해하는 데 필수 문헌으로 꼽힌다. 이미 세계 20여 개국 언어로 번역되었다. 브로델이 한국에 소개된 지는 10여 년이 넘지만, 그동안 여러 가지 이유로 읽기 힘들었다. 이 책으로 한국 독자들은 그의 주저 중 하나를 간결하고 수월하게 일람할 수 있는 길잡이가 생긴 셈이다.

길잡이 이상의 의미도 있다. 제한된 시간 내에 구두로 강연한 내용이었던 만큼 그의 생각이 좀 더 선명하게 드러나는 부분도 있고, 그의 방대한 저작에서 찾기 어려운 속생각도 엿보이며, 다른 저술에서 언급하지 않은 내용도 보인다. 그래서 이 책은 브로델 연구자들뿐 아니라 경제사회학 등 여러 분야에서 『물질문명과 자본주의』 못지않게 자주 인용되는 문헌이기도 하다.

그동안 한국 독자들에게 충분히 알려지고 강조되지 못했다고 생각하는 논점을 중심으로 나 나름대로 해제에 제시해보았다. 자본주의가 독점이윤을 따라 변화무쌍하게 움직이는 카멜레온과 히드라 같은 존재라고 보았던 브로델의 속생각을 조금 더 펼쳐보고 싶었다. 인식과 생각의 지평을 넓히기에 따라 여러 각도로 다시 비춰볼 거리가 아직도 많다. 어제와 오늘의 자본주의, 국가, 그리고 삶과 지배의 양식을 비춰보는 색다른 거울이 되기를 바란다.

옮긴이 김홍식

옮긴이 주

본문 주석

1) 영어로는 'bourg'를 보통 'market town'으로 옮긴다. 서양 중세사 분야에서 'bourg'에 해당하는 학술 용어는 '전도시적 집락지 前都市的 集落地'다(한국학술단체협의회, 「학술 전문 용어 정비 및 표준화 사업: 서양 중세사 부분」, 2006년 참조). 즉 도시로 성장하기 전이나 도시만큼 크지 않은 규모의 마을이지만 비정기적으로 장이 서고 분업이 형성되는 등 일정 정도 도시적 기능을 갖춘 집락지를 뜻한다. 우리말에서 '읍'은 '시'나 '군'보다는 작고 '면'과 '리'보다는 큰 집락지를 가리킨다. 우리나라에서 도시 생활이 곳곳으로 확장되기 전에 사람들이 무언가 도시적 기능의 업무를 볼 때 "읍내에 간다"거나 "읍내에 볼 일이 있다"고 말했고, 그 도시적 기능 중 하나인 시장이 열리는 것을 일컬을 때, "읍내에 장이 서다"라는 말로 표현했다는 점을 고려해서 'bourg'의 역어로 '읍'을 택한다.

2) 1750년경 프랑스의 상거래 감독 행정관이었던 뱅상 드 구르네Vincent de Gournay가 했던 말, "내버려둬라, 막지 말라. 세상은 알아서 굴러갈 것이다!Laissez faire et laissez passer, le monde va de lui-même!"에서 유래한 표현으로 자유방임주의를 표방하는 중농주의자들의 구호가 되었다.

3) 'commerce d'Inde en Inde'는 글자 그대로 '인도에서 인도로 가는 무역'이라는 말이지만, 아시아 내 여러 지역을 오가면서 여러 가지 재화와 화폐를 교환하는 '현지 무역country trade'을 뜻한다. 예를 들어 인도의 면직물을 구매하여 동남아시아에 팔고 그 돈으로 후추를 구입한 다음, 중국에 가서 후추를 팔고 다시 그 돈으로 비단을 구매하는 연쇄적인 거래로 이루어진다. 다음 자료 참고. 「주경철 교수의 문명과 바다(49회): 회사에서 제국으로」(《한겨레》, 2008년 9월 19일). Fernand Braudel, *Afterthoughts on Material Civilization and Capitalism*, The Johns Hopkins University Press, 1977, 54쪽.

4) 여기서 그러한 문제란 '막스 베버가 중시했던 자본주의의 어떤 정신적(혹은 도덕적 혹은 근대적) 속성과 같은 문제'를 뜻하는 것으로 읽힘.
5) 브로델은 보통 전체사全體史를 뜻하는 용어로 'histoire totale'이나 'histoire globale'을 사용했던 것으로 보인다. 여기서 사용된 용어 'histoire générale'이 다른 의미로 사용된 것인지 모르겠지만, 곧바로 '세계 전체ensemble du monde'의 의미를 풀이하는 대목이 뒤따르는 것으로 보아 전체사를 뜻하는 게 분명한 듯하다.
6) 브로델의 용어 'économie-monde'를 '세계-경제'라고 옮기는 것이 일단은 순리인 것으로 생각되기도 한다. 하지만 구미권 언어와 달리 우리말에서 하이픈으로 두 낱말을 붙여서 복합어를 만드는 것은 흔한 일이 아니어서, '세계경제économie mondiale와 '세계-경제économie-monde'를 의미가 다른 말의 형태로 활용하기 어려워 보인다. 브로델이 정의하는 두 용어의 내용은 판이하게 다른 반면, 형태소의 차이는 하이픈 하나가 전부이기 때문이다. 프랑스어에서는 세계를 뜻하는 낱말이 앞의 표현 mondiale은 형용사이고 뒤의 표현 monde는 명사여서 그들의 언어 운용에서 그다지 혼란스럽지 않을 수도 있겠지만, 우리말에서는 '세계경제'와 '세계-경제' 모두 똑같은 명사를 조합한 말이다. 그렇다고 '세계적 경제'와 '세계-경제'로 표현해봐야 더 나아질 것도 없어 보인다.
 이러한 사정을 고려하여, 'économie-monde'를 '경제계經濟界'로 옮긴다. 이 용어가 정치계나 문화계, 종교계와 같은 기존의 쓰임과 중첩되므로 훌륭한 선택이 아닌 것은 분명하다. 어떤 선택을 하든 독자들에게 죄를 짓는 일이 되겠지만, '경제계'를 택한 이유는 책을 읽어가면서 문화계나 종교계와 같은 어감의 경제계라는 의미로 읽힐 만한 문맥이 전혀 없기도 하거니와, '세계경제'와 말의 형태 자체가 뚜렷하게 대비된다는 점이다. 이 문단에서 브로델이 밝힌 정의와 다른 문단들에서 이 용어를 운용하는 그의 활용을 종합적으로 고려해볼 때, '경제계'라는 역어에 '지리적으로 한정된 공간에서 그 자체로 하나의 세계를 이룬 경제권'이라는 의미를 부여한다면 저자의 논지를 이해하는 데 효과적일 것으로 보인다. 다음의 소론에서 일부 시사점을 얻었음을 밝힌다. CHENG-CHUNG LAI, "Braudel's Concepts and Methodology Reconsidered", *The European Legacy*, Vol.5,

No.1, 2000, 65~86쪽; Johann P. Arnason, "The Varieties of Accumulation: Civilisational Perspective on Capitalism", in Christian Joerges, Bo Straith, Peter Wagner, *The economy as a polity: the political constitution of contemporary capitalism*, Routledge, 2005.

7) '유럽 경제계'라고 옮긴 원문의 표현은 'économie mondiale européenne'로 되어 있지만, 앞서 경제계économie-monde에 대한 저자의 정의에 비추어볼 때, 원문의 이 표현은 'économie-monde européenne'의 오기로 봐야 할 것으로 판단된다. 이렇게 해석하면 이 문장과 이어지는 문장을 다음과 같이 풀이할 수 있다. 즉, '유럽이라는 지역에 국한되어 거의―바깥 세계로 뻗은 원거리 무역을 포함하고는 있었지만―자족적 경제 활동을 구가하고 있던 유럽의 경제계économie-monde가 영국의 경제력과 패권을 지렛대로 삼아 세계로 팽창하는 과정에서 다른 경제계들을 무너뜨리고 세계경제économie mondiale를 자신의 경제계로 만들어 버리게 되었다.'

해설 주석

1) 주로 트위터에서 만난 생면부지의 분들임에도 본 해제의 초고를 읽고 검토해주신 @altcre, @bujiwibuji, @xulfereht, @choiyongju 그리고 우대형 님에게 감사한다. 그중 한 분으로부터 브로델과 아날학파의 역사인식론(즉 사회사·구조사적 인식론)이 기존의 정치사·사건사 중심의 전통적 역사 기술에 대해서 무엇을 어떻게 혁신했는가를 조망하고, 그와 같은 아날학파의 '망원경'이 조망하지 못하는 한계에 대해서 아날학파 이후의 문화사·미시사·일상사적인 '현미경'이 어떻게 비판하고 도전하는가를 조망해서, 이 두 축 사이에서 브로델의 역사 기술의 위상, 그 혁신과 한계를 정리해서 보강하라는 논평을 받았다. 또 장기 지속의 두 번째 의미(해제에서 언급된)를 부각시키기에는 인용문의 근거가 충분하지 못하다는 비판과 아울러 여러 가지 오해의 소지를 지적해주신 분도 있었다. 또 다른 분은 마르크스주의자들이 말하려던 자본주의가 구조라면, 브로델이 말하려던 것은 그 구조의 총체적 시스템을 '주물하는 사람들'이 아니겠냐는 참신한 의견을 주시기도 했다. 여러

모로 친절하게 논평해주셨음에도 불구하고 그 내용을 제대로 반영하지 못했다. 여러 가지 상황도 있겠지만 역자가 무지한 탓임을 밝히며 새삼 공부의 계기를 일러주신 그분들에게 심심한 감사의 뜻을 표한다.

2) 『펠리페 2세 시대의 지중해와 지중해 세계La Méditerranée et le monde méditerranéen à l'époque de Philippe II』(1949, 1966)라는 책으로 아직 우리말로 번역되지 않았지만, 앞으로『지중해』로 표기한다.

3) Fernand Braudel, "Histoire et sciences sociales: La longue durée", *Annales: économies, Sociétés, Civilisations* 13e année, N. 4(1958), 726, 735쪽.

4) Fernand Braudel(1958), 앞의 논문, 731쪽.

5) 본 역서『물질문명과 자본주의 읽기』, 강의 1「물질생활과 경제생활에 대해 다시 생각하다」제1절의 서두.

6) 『물질문명과 자본주의』(1995, 까치)라는 제목으로 한국어판 번역서가 출간되어 있다.

7) "나는 결코 정의하려고 애쓰지 않습니다. 적어도 내 생각을 펼쳐가는 관점에서는 그렇습니다. 미리 정의해두는 행위는 전부 개인적인 희생과도 비슷합니다. (……) 경제학자 프랑수아 페루처럼 엄밀하게 정의하게 되면 토론을 중단시키게 됩니다. 정의가 확정되고 나면 더 이상 토의를 전개할 수 없습니다. 최근의 저서『프랑스의 정체성』제1권을 저술할 때도 책의 마지막 쪽에 도달했을 때에야 프랑스의 정체성이란 말을 정의할 수 있었습니다." 브로델이 숨을 거두기 두 달 전에 했던 말이다. *Une leçon d'histoire de Fernand Braudel*(Châteauvallon, *Journée Fernand Braudel*, 18~20 October 1985), Paris: Arthaud-Flammarion. 다음 자료에서 재인용. CHENG-CHUNG LAI(2000), "Braudel's Concepts and Methodology Reconsidered", *The European Legacy*, Vol.5, No.1, 2000, 65~86쪽.

8) 본 역서『물질문명과 자본주의 읽기』, 강의 3「세계의 시간」2절의 서두.

9) 본 역서『물질문명과 자본주의 읽기』, 강의 1「물질생활과 경제생활에 대해 다시 생각하다」3절.

10) 본 역서 『물질문명과 자본주의 읽기』, 강의 3 「세계의 시간」 1절과 『물질문명과 자본주의』, 제3권의 1장 「공간과 시간의 분할: 유럽」에 서술되어 있다.
11) Fernand Braudel(1981~1984), *Civilization and Capitalism, 15th~18th Century: The perspective of the world*(『물질문명과 자본주의』 영문판 제3권), 618쪽. 제6장 「산업혁명과 성장」 중 제3절 「산업혁명을 넘어서」의 마지막 소절 「물질적 진보와 생활수준」 중에서.
12) CHENG-CHUNG LAI(2000), "Braudel's Concepts and Methodology Reconsidered"를 참조. 그 밖에 다음 자료에서도 그와 같은 비판이 제기되었다고 한다. Samuel Kinser(1981), "Capitalism Enshrined: Braudel's Triptych of Modern Economic History"(review article), *Journal of Modern History* 53, no.4, 673~682쪽; J. H. Hexter(1972), "Fernand Braudel and the Monde Braudellien······", *Journal of Modern History* 44, no.4, 480~539쪽.
13) Fernand Braudel(1958), "Histoire et sciences sociales: La longue durée", 733쪽.
14) Fernand Braudel(1981~1984), *Civilization and Capitalism, 15th~18th Century: The wheels of commerce*(『물질문명과 자본주의』 영문판 제2권의 서문), 21쪽.
15) 이러한 브로델의 생각은 여러 곳에 걸친 그의 서술에 더하여 다음 자료도 찾아볼 수 있다. Fabrice Dannequin(2004), "Braudel et Schumpeter: deux manières de voir le capitalisme?", Laboratoire Redéploiement Industriel et Innovation, Université du Littoral Côte d'Opale, 2004년 9월.
16) Fernand Braudel(1979), *Civilisation matérielle, économie et Capitalisme: Les Jeux de l'échange*(『물질문명과 자본주의』, 불어판 제2권), 1979, 264~265쪽. 다음 자료에서 재인용. Fabrice Dannequin(2004), 앞의 자료.
17) 본 역서 『물질문명과 자본주의 읽기』, 강의 2 「교환의 세계」 3절.
18) William H. McNeill(2001), "Fernand Braudel, Historian", *Journal of Modern History*, March 2001, Vol.73.
19) 1985년 10월 샤토발롱문화센터에서 브로델의 역사학과 주요 저작에 관해 사흘 동

안 "Journées Fernand Braudel"이라는 세미나가 열렸다. 그가 세상을 떠나기 한 달 전, 역사학과 경제학 등 여러 분야의 국내외 인사들이 참여한 이 세미나에서 브로델은 자신의 생각을 피력했고, 그 결과물로 다음 서적이 출간된 바 있다. *Une leçon d'histoire de Fernand Braudel*, ARTHAUD/FLAMMARION(1986, 1992).

20) *Journées Fernand Braudel*, 18~20 October 1985. Châteauvallon. 다음 자료에서 재인용. Wolfgang Mager(1988), "La conception du capitalisme chez Braudel et Sombart. Convergences et divergences", *Les Cahiers du Centre de Recherches Historiques*(1988).

21) CHENG-CHUNG LAI(2000), 앞의 논문, 81쪽.

22) Fernand Braudel(1979) II(『물질문명과 자본주의』 불어판 제2권), 378쪽. 다음 자료에서 재인용. Immanuel M. Wallerstein(1991), "Revisiting Braudel", in I. M. Wallerstein, *Unthinking social science: the limits of nineteenth-century paradigms*, Temple University Press, 1991.

23) Fernand Braudel(1979) II(『물질문명과 자본주의』 불어판 제2권), 264~265쪽. 다음 자료에서 재인용. Fabrice Dannequin(2004), 앞의 자료.

24) 본서 『물질문명과 자본주의 읽기』 본문에서는 "자본주의는 물질생활과 촘촘한 시장경제를 겹으로 깔고 앉아, 높은 수익이 나는 영역에서 서식한다"와 같이 의역되어 있다.

25) 에릭 홉스봄(2002), 『역사론』, 민음사, 291쪽.

26) Fernand Braudel(1979) III(『물질문명과 자본주의』 불어판 제3권), 540쪽. 다음 두 자료에서 재인용. Johann P. Arnason, "The Varieties of Accumulation: Civilisational Perspective on Capitalism", in Christian Joerges, et. al.(2005), *The economy as a polity: the political constitution of contemporary capitalism*, 19쪽, Routlege; Fabrice Dannequin(2004), 앞의 자료.

27) 본 역서 『물질문명과 자본주의 읽기』, 강의 2 「교환의 세계」 4절 서두.

28) 다음 자료에서 재인용. Olivia Harris(2004), "Braudel: Historical Time and the

Horror of Discontinuity", *History Workshop Journal* 57(2004), 161~174쪽(원출처는 Braudel, *On History*, 112~123쪽).

29) 본 역서 『물질문명과 자본주의 읽기』, 강의 2 「교환의 세계」 서두.

30) 월러스틴이 제시한 세계체제 분석과 그에 대해 안드레 군더 프랑크, 로버트 브레너, 지오바니 아리기 등 많은 연구자들이 제기한 다각도의 세계체제 논쟁은 이 해제에서 다루기 어려울 만큼 광범위한 주제다. 국내외에 여러 글들이 있지만, 브로델과 월러스틴 사이의 간극을 하나의 논점으로 잡고 있는 다음 논문을 하나의 출발점으로 삼아 주변의 참고 문헌들을 추적하는 것도 좋은 방법이 될 듯하다. Giovanni Arrighi(1997), "Capitalism and the Modern World-System: Rethinking the Non-Debates of the 1970s", Fernand Braudel Center.

31) Wolfgang Mager(1988), "La conception du capitalisme chez Braudel et Sombart. Convergences et divergences."

32) Fernand Braudel(1975), *Capitalism and material life, 1400~1800*, Harper Colophon, 1975.

참고 문헌

〈국내 문헌〉

김응종(2006), 『페르낭 브로델: 지중해, 물질문명과 자본주의』, 살림.
백승욱(2001), 「역사적 자본주의와 자본주의의 역사: 세계체계분석을 중심으로」, 《경제와 사회》 2001년 가을호.
에릭 홉스봄(2002), 『역사론』, 민음사.
페르낭 브로델(1996~1997), 주경철 옮김, 『물질문명과 자본주의』, 까치글방.
한국서양사학회 편(1996), 『근대세계체제론의 역사적 이해』, 까치글방.

〈외국 문헌〉

CHENG-CHUNG LAI(2000), "Braudel's Concepts and Methodology Reconsidered", *The European Legacy* Vol.5, No.1.
Fabrice Dannequin(2004), "Braudel et Schumpeter: deux manières de voir le capitalisme?", Laboratoire Redéploiement Industriel et Innovation, Université du Littoral Côte d'Opale, 2004년 9월.
Fernand Braudel(1958), "Histoire et sciences sociales: La longue durée", *Annales: Économies, Sociétés, Civilisations*. 13e année, N.4.
Fernand Braudel(1981~1984), *Civilization and Capitalism, 15th~18th Century: The perspective of the world*.
Fernand Braudel(1981~1984), *Civilization and Capitalism, 15th~18th Century: The wheels of commerce*.
Giovanni Arrighi(1997), "Capitalism and the Modern World-System: Rethinking the Non-Debates of the 1970s", Fernand Braudel Center.
Immanuel M. Wallerstein(1991), "Revisiting Braudel", in I. M. Wallerstein, *Unthinking social science: the limits of nineteenth-century paradigms*,

Temple University Press.

Immanuel M. Wallerstein(2002), "The Itinerary of World-Systems Analysis; or How to Resist Becoming a Theory", in J. Berger & M. Zelditch, Jr., eds. *New Directions in Contemporary Sociological Theory*.

Immanuel M. Wallerstein(2004), chapter 1, "Historical Origins", in I. M. Wallerstein, *World-systems analysis: an introduction*, Duke University Press.

Immanuel M. Wallerstein(2010), "Fernand Braudel", in Michael Payne, Jessica Rae Barbera, eds., *A Dictionary of Cultural and Critical Theory*, John Wiley and Sons.

Johann P. Arnason, "The Varieties of Accumulation: Civilisational Perspective on Capitalism", in Christian Joerges, et al.(2005), *The economy as a polity: the political constitution of contemporary capitalism*, 19쪽, Routlege.

Olivia Harris(2004), "Braudel: Historical Time and the Horror of Discontinuity", *History Workshop Journal*, 57.

William H. McNeill(2001), "Fernand Braudel, Historian", *Journal of Modern History*, March 2001, Vol.73.

Wolfgang Mager(1988), "La conception du capitalisme chez Braudel et Sombart. Convergences et divergences", *Les Cahiers du Centre de Recherches Historiques*.

물질문명과 자본주의 읽기
자본주의라는 이름의 히드라 이야기

1판 1쇄 발행 2012년 3월 12일
1판 13쇄 발행 2023년 3월 15일

지은이 페르낭 브로델
옮긴이 김홍식
편집 김지하 김현지
디자인 가필드

펴낸이 임병삼 | 펴낸곳 갈라파고스
등록 2002년 10월 29일 제2003-000147호
주소 (03938) 서울시 마포구 월드컵로 196 대명비첸시티 801호
전화 02-3142-3797 | 전송 02-3142-2408
전자우편 galapagos@chol.com

ISBN 978-89-90809-41-4 03900

이 도서의 국립중앙도서관 출판시도서목록(CIP)은 e-CIP
홈페이지(http://www.nl.go.kr/ecip)와 국가자료공동목록시스템
(http://www.nl.go.kr/kolisnet)에서 이용하실 수 있습니다.
(CIP제어번호: CIP2012000948)

갈라파고스 자연과 인간, 인간과 인간의 공존을 희망하며, 함께 읽으면 좋은 책들을 만듭니다.